丛书编委会

大家精要

陆九渊

李承贵 著

Lu Jiuyuan

陕西师范大学出版总社

图书代号 SK16N1059

图书在版编目（CIP）数据

陆九渊/李承贵著. —西安：陕西师范大学出版总社有限公司，2017.1（2024.1重印）

（大家精要）

ISBN 978-7-5613-8822-8

Ⅰ. ①陆… Ⅱ. ①李… Ⅲ. ①陆九渊（1139—1193）— 传记 Ⅳ. ①B244.8

中国版本图书馆CIP数据核字（2016）第321625号

陆九渊　LU JIUYUAN

李承贵　著

责任编辑	宋媛媛
责任校对	彭　燕
特约编辑	宋亚杰
封面设计	张潇伊
出版发行	陕西师范大学出版总社
	（西安市长安南路199号　邮编 710062）
网　　址	http://www.snupg.com
印　　制	永清县晔盛亚胶印有限公司
开　　本	650 mm × 930 mm　1/16
印　　张	10
字　　数	100千
版　　次	2017年1月第1版
印　　次	2024年1月第2次印刷
书　　号	ISBN 978-7-5613-8822-8
定　　价	45.00元

读者购书、书店添货或发现印刷装订问题，请与本公司销售部联系、调换。

电话：（029）85303879　　传真：（029）85307864　85303629

目　录

第 1 章　神童初长成 / 001

一、义居世家出神童 / 001

二、学无常师却有师 / 008

第 2 章　仕途坎坷成奇功 / 016

一、半推半就科举路 / 016

二、做官为民求福祉 / 020

三、由治"心"到治政 / 026

第 3 章　讲学布道传儒 / 031

一、以讲学为乐趣 / 031

二、独创教学之法 / 039

三、槐堂起步与甬上放彩 / 043

第4章 佛教不是异端 / 052

一、随心所欲论佛法 / 052

二、佛教乃"大偏"之学 / 057

三、不能判佛为异端 / 062

四、"儒体佛用"之佛教观 / 066

第5章 朱陆之争 / 071

一、无极而太极 / 071

二、鹅湖之会 / 077

三、王荆公之辩 / 085

四、道统之争 / 094

五、朱陆互评 / 100

第6章 "心即理"的奥妙 / 106

一、"本心"就是"理" / 106

二、发明与存养 / 113

三、为学只是为做人 / 119

第7章 陆九渊与王阳明 / 124

一、从"六经注吾"到"六经具于心" / 125

二、从"心即理"到"心即理即良知" / 127

三、从"知先行后"到"知行合一"／128

四、从"致知格物"到"致良知"／131

第8章 地位与影响／134

一、儒学之新发展／134

二、学术之新贡献／139

三、现代之价值／142

四、名家评论陆九渊／145

附录

年谱／149

主要著作／151

参考书目／151

第 1 章

神童初长成

陆九渊（1139~1193），字子静，号象山，江西金溪人，南宋著名思想家、哲学家，心学学派创始人。本书即试图展示这位桀骜不驯又极具创造力的哲学家的社会活动、学术活动、学术成就、历史地位及其影响，以晓之于众，以为传播、弘扬我国传统思想文化贡献一份力量。

一、义居世家出神童

义居世家

公元 1127 年，根据中国历史编年的划分进入南宋朝。南宋是相对北宋而言。南宋自 1127 年至 1279 年，历时一百五十二年。北宋末年内忧外患，统治不力，经常遭受北方少数民族的侵扰。当年五月，赵构在南京（今商丘）即位，是为宋高宗，改元建炎，后又迁都临安（今杭州），是为南宋。

这个时期的江南西道抚州金溪县境内有一个山村，这个山村的名字叫青田里。青田里三面环山，谷溪淙淙，西面有一条金溪通往贵溪的驿道，把这个山村与外面的世界联系起来。就在这群山环抱、风光绮丽的青田里，繁衍、生活着一个庞大的家族，这个家族便是陆氏家族。

据历史记载，这个家族由中原南迁而来。其祖先可追溯到春秋战国时期。春秋时期，陈国公子妫完（敬仲）有罪于陈国，逃亡到齐国，齐桓公封妫完于田，从此改为田氏。再后来田氏篡夺了齐国的最高领导权，田齐的齐宣王封田通于平原般县陆乡，开始改姓陆。陆通的曾孙陆烈，汉代初年做过吴国县令，陆烈的第三十九世孙陆希声做过唐昭宗的宰相。陆希声的孙子陆德迁为了躲避战乱，举家搬迁到江南金溪青田里。陆德迁搬到青田里后置田产、做生意、兴家业，为金溪陆氏之祖。直到陆九渊的父亲陆贺，从未有入仕做官的，可谓家道中落。

不过，陆氏家族却罕见地保持着"义居家族"的风尚。所谓"义居家族"以其独特的风尚有别于普通人家。其特点是：所有族人同灶吃饭，共有土地财产，生产组织有序，生活遵礼守规，即所谓"聚族义居，钟鸣鼎食，义不分财，诗礼传家"。陆氏家族一百余人同灶吃饭，生产及其他工作由一人领导组织，各人分工不同，教育、田地、药店、出纳、做饭，乃至接待宾客，都由不同人分管。有严格的家规，以对不敬、不孝、不礼、懒惰、嫖赌、盗窃者进行惩罚，维持家族秩序，养育美好德性。陆氏家族在财富上虽不显赫，但却远近闻名。有两段记载，可一睹陆氏家族风采。

南宋的罗大经说："陆九渊家于抚州金溪，累世义居。一人最长者为家长，一家之事全听命焉。逐年选差子弟分任家事。或主田畴，或主租税，或主出纳，或主厨爨，或主宾客。公堂之田，仅足给一岁之食。家人计口打饭，自办蔬肉，不合食。私房婢仆，各自供给，许以米附炊。每清晓，附炊之米交至掌厨爨者，置历交收。饭熟，按历给散。宾至，则掌宾者先见之，然后白：家长出见。款以五酌，但随堂便饭；夜则卮酒杯羹，虽久留不厌。每晨兴，家长率众子弟致恭于祖祢祠堂，聚揖于厅，妇女道万福于堂。暮，安置亦如之。"

又《宋元学案》介绍其兄九韶时云："其家累世义居，一人最长者为家长，一家之事听命焉。岁迁子弟分任家事。凡田畴、租税、出纳、庖爨、宾客之事，各有主者。先生以训戒之辞为韵语。晨兴，家长率众子弟谒先祠毕，击鼓诵其辞，使列听之。子弟有过，家长会众子弟责而训之；不改，则挞之；终不改，度不可容，则言之官府，屏之远方焉。"

无疑，这样的"义居家族"对于维护社会稳定，继承、光大传统美德都发挥着重要作用。因此，陆氏家族自然会受到朝廷的表彰："皇帝制曰：江西金溪青田陆氏，代有名儒，载诸典籍。聚食逾千指，合爨二百年。一门翕然，十世仁让。惟尔睦族之道，副朕理国之怀。宣特褒异，敕旌尔门，光于闾里，以励风化。钦哉。"

宁馨儿降生

虽然是独具特色的"义族"，但与外面的世界少有往来的陆氏家族与那个时期的其他家族一样，自耕自足地劳作，波澜不惊地生活，无声无息地繁衍。

不过，那个时期的社会却是动荡不安、战火不断、生灵涂炭。在北方金国的攻打下，赵构逃到南方，在钱塘（今杭州）建立南宋后，便一方面与金国展开战争，另一方面妥协求和。赵构向金称臣。南宋每年向金国进贡白银二十五万两，丝绢二十五万匹。南宋国民的生活状况极为艰苦恶劣。

在这个穷困危难、民不聊生的非常时期，金溪陆家于高宗绍兴九年（1139）喜添一子，这就是陆九渊。可是，面对国家的危难、家族的负担，九渊父亲陆贺根本高兴不起来，以至于邻村人来到陆家道喜的时候，老陆贺只是无可奈何地叹气："家无阿堵物，门有宁馨儿！"所谓"宁馨儿"，是宋代人习惯的口头禅，即"不幸的家伙"之意。

更让陆贺发愁的是，九渊母亲多病，九渊一降生即无奶水。所谓吉人自有天相。此时，九渊的大哥陆九思正好育一婴儿，其妻奶水充足，而九思颇能体察父亲的难处，便与妻子商量，可否做六弟的奶娘。这样，刚来到人间的九渊，便由嫂嫂哺养。

九渊后来的成长，与他的五个兄长有密切的关联。这里将五个兄长的基本情况作一简单介绍：

大哥九思，字子强，曾乡试中举，因父母年迈，需治理家业，一直没能做官。九思具有丰富的治家经验，有《家问》传世，朱熹曾为此书作序。

二哥九叙，字子仪，擅长理财，开一药店以补贴家用。

三哥九皋，字子昭，长于为人师，文才品质兼备，从教于私塾以补贴家用。

四哥九韶，字子美，学识渊博，精通易理，稔于音律，还是一位下棋高手。因不满当时朝政，不参加科举考试，不做官。长期隐居青田里东面的梭山，世人称梭山先生。

五哥九龄，字子寿，能文能武，是难得的全才，乾道己丑进士，曾任兴国军，特赠朝奉郎，直秘阁，赐谥文达。为人彰显个性。信奉孟子"践形"之学。世人称复斋先生。

这五位兄长，对弟弟陆九渊的成长不同程度地产生了影响。陆九渊曾从学于九皋、九韶、九龄，特别与九渊年岁最近的九龄，对九渊影响甚大，如《宋史》说他"与弟九渊相为师友，和而不同"。

神童趣事

陆九渊少年老成，《年谱》就说他"六岁时，静重如成人"。但他天生聪明，被人们誉为神童。他少儿时期发生的趣事，将一个活泼可爱、灵巧智慧的陆九渊呈现在世人面前。

问天。在中国思想史上，那些有重大成就的思想家、哲学家的生命历程中，大都发生过许多奇异的故事。这些故事虽然大都有神秘色彩，但也在一定程度上反映了哲人少时的聪颖。陆九渊也是如此。

三岁那年，幼小的陆九渊居然对天动起了脑筋。一次他问陆贺："父亲，你能否告诉我天有没有边沿，地有没有尽头？"毫无思想准备的陆贺一下子被问蒙了，只好含糊其词地回答："这个问题太难、太深，爸爸也说不准啊！"

小九渊又问道："那天上面有些什么呢？地下面又有些什么呢？"陆贺真有些招架不住了，只好敷衍说："孩子，这个问题没有人告诉我，我也没有办法告诉你。"

在父亲那里得不到满意的答案，小九渊又去问嫂嫂："天的边沿在哪里？"嫂嫂说："没有人知道。"又问道："地的边沿在哪里？"嫂嫂说："住在那里的人知道。"又问道："星星那边是什么地方？"嫂嫂说："星星的那边是星星居住的地方！"小九渊终于露出了笑容，虽然嫂嫂的回答并不是什么答案，但这种回答已经让陆九渊很满足了。

奇解《论语》。陆九渊八岁的一天，家里宴请宾客，陆贺命九渊作陪。席中，一位客人突然问小九渊："小相公，现在读些什么书啊?"九渊回答说:"愚侄正在读《论语》,请世叔多多指教!"客人乘兴说:"那好,请你背出'有子'三章。"片刻,九渊就将"有子"三章一字不漏地背诵完毕。

客人继续问难:"小相公,你既然如此熟悉,那能否阐明"有子"三章的来历和要旨呢?"

九渊不慌不忙地说:"有子名有若,字子有。孔子的学生,少孔子四十三岁。孔子身后,只有他和曾子学问最好。他的话都是重述先生的思想的。第一段讲仁之本,第二段讲礼之用,第三段讲信与义。孝、悌、礼、义、信是做人的根本要旨。"说得满堂客人频频点头、赞不绝口。

小九渊意犹未尽,接着说:"可惜啊,我认为有子的话是支离破碎的,不够严谨,经不起推敲,也不太合孔子的原意!"这番话语惊四座,客人们面面相觑。

看到这样的场景,小九渊似乎很是得意,继续滔滔不绝地说:"历史证明,犯上作乱有许多复杂的原因,不可以一概而论。孝顺父母、友爱兄弟的人也可能犯上作乱,反之,犯上作乱的人也可能很孝顺父母、友爱兄弟。比如,汉高祖灭秦得天下,在长安按照沛县老家房子的式样盖成一条街,迎接父亲到京都居住,以颐养天年,可称得上最孝的人了。王莽是外戚篡权,他的父亲早死,母亲抚养他成人,他对母亲和寡嫂都很孝敬。我朝开国的太祖皇帝对母亲极为孝顺,连摆座位、传皇位全听娘的话。因此,如果讲孝讲悌,夹杂犯上作乱,实在是支离!说礼说义,又扯上依靠与自己关系亲近的人,实在是破碎!所以,我们怎么可以随便相信有子说的话呢?"一席话,使满堂客人大惊失色。

论伊川。伊川,即程颐,二程(大程名程颢,兄弟俩为北宋著名理学家)中的弟弟。有一次,陆贺与九皋、九韶、九龄、九渊在村边驿道上散步，以解除读书的疲劳。正当父子们玩得尽兴的时候，忽然听到有人大声朗诵伊川的文章。

真是读者无心，听者有意。九渊便不假思索地对兄长们说："近日里我读伊川先生的著作，感到他讲的一些话有违天理，有悖人情，甚至感到我自己也受到伤害！"九渊的这番怪异之言，让兄长们个个目瞪口呆。

还是父亲沉着稳健，严厉训斥说："你胡说什么呀？小小年纪有多少学问？竟敢辱骂圣贤？如果你说不出个道理来，看我今天如何惩罚你！"

小九渊倒也不害怕，他说："父亲，伊川先生讲的存天理、灭人欲，与孔子讲的仁者爱人，孟子讲的形色天性都是完全不符的。人天生有七情六欲，怎么能舍弃？伊川先生讲君贵民轻，也与孟子的民贵君轻的主张大不相同。我的确不喜欢伊川先生啊！"陆贺听了小儿子的话，真是气不打一处来，哼了声："大胆！"便独自回家了。

解《易》。一次，五哥陆九龄正埋头苦读《易传》，正好被九渊碰上。九渊开口便说："五哥为何只读《易传》，不读《周易》原本？如果不读《周易》原本，读读《太极图说》也比读《易传》强啊。"

陆九龄大概认为弟弟九渊还不能明白他读书的道理，便耐心地跟九渊说："程夫子讲《易》，明白易懂，而濂溪先生讲的玄不可测；况且，我不是跟你说过濂溪先生的《太极图说》有错误吗？你看这艮卦，程颐先生的这段解释多么完美！"

九渊从九龄手中接过《易传》，用眼扫了扫五哥九龄所指的那段文字，略加思索，便摇摇头说："我看并不直接明白。"九龄一听此话惊呆了，便催促弟弟说："那你说来给哥哥听听。"九渊笑笑说："我只用四个字来解释。"九龄半信半疑说：

"四个字就能解释清楚？"九渊说："不信，你念经文，我来解释。"九龄念道："艮其背，不获其身。"九渊解释说："无我。"九龄又念道："行其庭，不见其人。"九渊解释说："无物。"

九龄又惊又喜，兴犹未尽，继续要求九渊详细解释一下"无咎"二字。小九渊娓娓道来："艮卦在《周易下经》中属第五十二卦。从卦形来看，两山兼备，即是亘象。艮卦既是止卦，也是凶卦，它的内蕴特别丰富。就'艮'字而言，有很、限、难、击等多个意思。就'象'字而言，为山，为小石，为野径，为少易，人间的荣华富贵、生死祸福，都可以如此看待。它还比喻事物应正反两面看，看一人的背面丑恶形象，不需要研核全身——只要无我，逢凶化吉；见到一个热闹去处，不要钦羡私利——只要无欲，这就是无咎。"

九龄听得张口结舌，好一阵才缓过神来，拍手称绝道："弟弟小小年纪就能如此精彩地解《易》，哥哥我是佩服得五体投地啊！"

可以想象，小小年纪就如此聪慧的陆九渊，长大以后怎么可能不有所成就呢。

二、学无常师却有师

在中国古代，读书是普通人获得社会地位、得以升迁的主要途径，因此，哪怕是家境一般的家庭，也会尽力送孩子到私塾读书，或者请名师授学。陆九渊的家境虽然说不上富裕，但也不是穷困人家。让我们感到奇怪的是，陆家并没有为小九渊聘请名师授学。如此，陆九渊的学历只能用"学无常师"来概括了。不过，后来成为名师的陆九渊，其求学的经历还是有些奇特且可资后人参考的。

自学

根据《年谱》记载，陆九渊学问的成长主要来自于自学。虽然我们无法将陆九渊自学的详细过程描述出来，但还是可以讲出个大体情形的。

《年谱》记载，九渊读书经常是"遂深思至忘寝食"。与五兄九龄在疏山寺读书三年，基本上是自学。当许忻先生赠书给他时，他会问及当时较难见到的《河图》《洛书》《洪范》之类的典籍，可见九渊自学涉猎之广。

他八岁时可以讲述《论语》"有子"三章，能熟练地背诵，能作出闻所未闻的解释；十一岁时，父亲陆贺将他和五兄九龄送到疏山寺读书，并嘱咐他们说："兄弟俩为师友。子静读《论语》，子寿读《易经》，以程夫子的《易经》为主。'六经'之内可参阅。其他书籍不准乱翻，尤其严禁异端邪说。"一个读《易经》，另一个读《论语》，而且不准乱翻别的书籍，无疑，兄弟俩的学习基本上是自学的模式。

九渊十三岁时能解释《周易》，他的独特见解使比他多读七八年书的哥哥九龄心服口服。可见九渊自学所思之深。

艮卦："艮其背，不获其身——无我；行其庭，不见其人——无物。"具体说，就是观察一个人丑恶一面，无须检验全身，只要无我，便逢凶化吉；在一个人多的地方，不要贪图私欲，只要无欲，便无咎。这种解释，哥哥子寿闻所未闻，足见九渊自学功夫之厚。

据《年谱》记载，一次他在翻阅许忻赠送的古籍过程中，读到书中的"宇宙"二字，书中的解释是："四方上下称宇，往古来今称宙。"九渊忽然醒悟，惊叹道："原来宇宙无穷无尽，广袤无边，而人与天地万物，都是处于这个无穷无尽的宇宙之中啊！"于是提笔写道："宇宙内事乃己分内事，己分内事乃宇宙内事。"请读者诸君注意，这个命题是陆九渊思想中的核心观念之一，而这完全是在自学中所觉悟出来的。

由于九渊的读书经历基本上是自学，使得他对自学有比他人更深的体验。这应该是他成年后常常讲到个人体悟在读书为学中重要性的原因。比如，他说读书以精熟为贵，要以自己为主，自立自重，不可随人脚跟，学人言语；要自得、自成、自道，不倚师友载籍；等等。

向兄长学

陆九渊的学问基本上是通过自学积累丰厚起来的。但这并不意味着陆九渊从没向他人学习过，他曾说"读书亲师友是学"。事实上，他的兄长们成了小九渊最早、最亲近的启蒙老师。而五个兄长中，在学问上对他影响最大的有两位，一位是五兄陆九龄，一位是四兄陆九韶。

先说陆九龄。根据《宋史》记载，陆九龄幼小聪明，端庄持重，稍长便成为郡学弟子员，并在乾道五年（1169）录为进士，其学问超出同龄人，是陆九渊最为密切的"师友"。很小的时候，陆九龄就教九渊《礼之经》，使九渊知晓儒家礼规。

陆九渊曾经与五兄陆九龄讨论过《易》，九龄曾经对九渊的解释给予肯定、鼓励。陆九龄虽然也崇尚孟子，特别崇奉孟子的践形之学。所谓"践形"，就是强调内在修养的重要性，内在修养应与外在行为结合起来。九渊却不太同意九龄的主张，认为人都有本心，只要不放失本心，就是有道德、有志气之人。

兄弟俩常如此切磋学业，陆九龄作为兄长无疑是九渊学习的榜样。比如，一次九渊要学习骑练，陆贺通知远在外地的陆九龄回家教九渊。陆九龄教导九渊说："老六记住，学骑马也要践形。眼要准，耳要灵，肝要血旺，肺要气清，心要明正。"九渊却回答说："哥哥请记住，心正第一，只有心正，才能耳灵；只有心正，才能肝旺肺清，学兵法更是如此。"可见九渊之好辩，也可见兄弟俩学业上的互动。

再说陆九韶。陆九韶学问渊博，隐居不仕，讲学梭山，人称梭山先生。九韶对《周易》有颇深的研究，常有独到见解。曾与朱子论《太极图说》，后来九渊接替兄长成为与朱熹辩论的主角。

陆九韶对九渊的影响，主要是从"反的方向"刺激九渊。比如，小九渊因读古籍而对"宇宙"有悟，九韶却评论说："心学之说，原出于子思、孟子。六弟博览群书，如今能祖述子思、孟子，追继往圣绝学，已经很了不起了。但是，子静出入佛道，讲的无我无物，仍属空寂，与圣人内圣外王之学是不相符的；至于宇宙吾心说，更是奇论，发前人之未发，可以好自为之；天人合一，宇宙确实未曾限隔人。太极生万物，人人心中有太极，无极则是虚妄之说。凡是限隔人的支离破碎之语，都不值得学习。"

这段话的意思大体上与九渊思想是一致的，没想到九渊却另有思考。他说："哥哥讲得很精彩，弟弟也铭记在心。但是，异端这个词的含义，仍然是可以讨论的。比如孔子曾说攻击异端，可是，孔子的那个时代佛教并没传入中国，而老学那时又没有得到传播，孔子究竟指什么为异端呢？而且，'异'与'同'成对语，'端'是'底'的意思，即便是同学习圣贤，倘若学问根底不同，貌似孔孟，它还是异端；倘若学问根底相同，即便来自野蛮落后之地，也不能叫它'异端'啊！"

这一番惊世骇俗之论，足见九渊的辩才和胆识！但很明显，这番话却与陆九韶的"刺激"是有着直接关系的。

在一次全家郊游活动中，九渊走着走着，突然发起呆来，站在那儿一动不动。陆九韶关切地问："老六呀，出什么问题了？又在想什么呀？"九渊回答："你们在郊游，我在心游。"陆九韶马上提醒说，"'心游'是庄子的话，可不要在父亲面前说啊。"

大概是为自然风光所激发，父亲陆贺一时兴起，要求每个孩子写一首诗，并要求诗中不能出现"郊游"二字，以诗言"志"，诗中要有个"志"字。陆九渊沉思片刻，第一个交卷：

> 讲习岂无乐，钻磨未有涯。
>
> 书非贵口诵，学必到心斋。
>
> 酒可陶吾性，诗堪述所怀。
>
> 谁言曾点志，吾得与之偕。

又是四兄陆九韶，读完九渊的诗便说："六弟，你的诗写得很精彩啊！可惜你怎么能用庄子的'心斋'呢？庄子的'心斋'与圣人之学是有距离的。"但九渊不以为然，他说："我这是借用庄子的'心斋'，批评眼下死读书的风气啊。"

由此可见，九渊学问的长进与五兄九龄、四兄九韶是有密切关联的。

向名家学习

我们说陆九渊"学无常师"，是说他求学过程中，没有受过名家的专门指点和教育，不是说他没有接触过任何可以算作老师的人。事实上，在陆九渊问学过程中，有几位"老师"的影响还是值得一提的。

允怀和尚。距九渊老家青田八十里处有座寺庙，叫疏山寺。该寺的住持是允怀和尚。陆贺与允怀和尚私交甚笃。允怀和尚早就听说陆家小儿子是个神童，非常欢喜。他主动邀请陆贺，请他将九渊送到疏山寺学习。他曾说："六相公天慧聪颖，迥众异常，当与佛门有缘，请他来寺内静读如何？贫僧当悬榻以待。"陆贺想想也觉得是个好机会，便决定送九龄、九渊到疏山寺问学。

在疏山寺，允怀和尚教给九渊静坐之法，并教九渊如何听念佛经、如何领悟佛经中的道理。九渊后来提到允怀和尚，曾满怀深情地说："怀上人，学佛者也，尊其法教，崇其门庭，建藏之役，精诚勤苦，经营未几，骎骎乡乎有成，何其能哉！使家之子弟，国之士大夫，举能如此，则父兄君上，可以不诏而仰成，岂不美乎！"有如此美妙的印象，足以表明允怀和尚对他的影响。

许忻。南昌人，本为高官，因得罪高宗、秦桧等，贬谪抚州。许忻因此淡泊世事，闭门读书。许忻家里藏有万卷书，内容涉及皇家历代文献、诸子百家、阴阳星历等。许忻曾告诉九龄他有一个心愿，就是将这些书送给"书山"。陆九龄立即跟他说，疏山寺本就是"书山"。许忻大喜，便决定将自己的藏书全部送给疏山寺。正在疏山寺读书的陆九龄、陆九渊兄弟俩自然获得了大开眼界的好机会。

九渊看到许忻的赠书惊呆了：天下哪里有这么多的书！许忻似乎看透了九渊的心思，便问他："你喜欢这些书？"九渊不假思索地回答："当然喜欢！这些书像浩瀚的海洋，我可以自由地遨游！"许忻说："太好了，祝愿你成就圣人境界！"九渊向许忻深深鞠了一躬，说："感谢先生的鞭策！我只追求最高的道德，不问得失。"

九渊在疏山寺读书时，心里一直牵挂着几本想读的书——《河图》《洛书》《洪范》等，便试探地问许忻："先生所赠书中可有《河图》《洛书》《洪范》等宝籍？"许忻顺势提问："子静可否谈谈这几本书的内容和特点？"小九渊毫不畏缩，侃侃而谈："伏羲依《河图》画八卦；文王推八卦合《河图》；大禹得《洛书》列出了九畴；箕子得九畴传下《洪范》。这三部书是研究我们中国古代政治的重要文献。""说得好啊！"许忻脱口而出，并告诉九渊："不仅你说的这些书都有，我还带来了《淮南子》《尹文子》《尸子》，还有佛经、道藏等。愿你从中获得知识和智慧！"

当晚，许忻与陆九龄联床，纵谈天下大事，彻夜未眠。隔壁的小九渊哪里睡得着啊！九渊在翻阅许忻赠的书中，突然悟出"宇宙吾心"。

第二天一大早，九渊便将自己的觉悟告知许忻。许忻惊叹不已，并和九龄说，你的弟弟子静绝对是个奇才。九龄便让九渊详细说来。

九渊说："我昨晚的觉悟，完全得益于许先生的赠书。在翻阅许先生赠书的时候，我在想，人与禽兽相比，其实就相差那么一点点，宇宙造化人实际上就是多给了人一颗心，正是这种道德之心使得人与禽兽区别开来。因此，人们终生探究的、实践的，都是宇宙内的事；而宇宙之事是无穷无尽的，所以人心也是无穷无尽的。这样，宇宙与人心都在无穷无尽之中。所以说，宇宙不曾把人与它隔开，而人如果自己要将自己与宇宙隔开，就会引起人心遭受蒙蔽。因此，作为人而言，应该做到把宇宙内的事情当作自己分内的事情，把自己分内的事情当作宇宙内的事情！"

许忻听罢，拍手惊叹："奇论！奇论！"许忻自然也谈不上是九渊的老师，但他在九渊学问生涯中的影响也是无法否定的。

张禹锡。张禹锡是"天师世家"之后代，常住龙虎山，因为是陆九渊的表姐夫，九渊常往龙虎山并求教于张禹锡。一天，九渊来到了张禹锡处，向表姐夫请教武功。张禹锡告诉他，要学好武功，先必须读一本奇书，这本书就是《心学》。

九渊读此书时，看到书中有这样的话："夫心者，万法之宗，九窍之主，生死之本，善恶之源，与天地并生，为神明之主宰。"还有这样的话："真如以其寂然而不动也。用之则弥满六虚，废之则莫知其所。其大无外，则宇宙在其间，而与太虚同体矣。其小无内，则入秋毫之末，而不可以象求矣。此所谓我之本心，而空劫以前本来之自有也。"九渊读着这些字句，恍恍惚惚，似然有悟。

第二天，张禹锡领着九渊游鬼谷洞。九渊原来从书本中得知，鬼谷在陕西与河南交界之地，怎么贵溪有个鬼谷洞呢？便向张禹锡问个究竟。表姐夫提醒他说，鬼谷子是楚国人，楚国国都离这里比陕西的扶风近，这里曾经是楚国管辖的地方，鬼谷子怎么不可能先住在这里，然后游学北国呢？一席话，说得小九渊茅塞顿开。表姐夫的话让他明白了一个道理，就是不要以静止的眼光看问题。

随后，九渊又留住数日，接受张禹锡传授《心说》《因是子静坐法》及鬼谷吐纳之术等。九渊因此与龙虎山结下不解之缘，晚年正讲学于此。

张禹锡也谈不上是九渊的老师，但他所推荐给九渊的《心学》，所教给九渊的静坐法等，却是对九渊的学术思想产生了深刻影响。

第2章

仕途坎坷成奇功

陆九渊考上"赐同进士出身"比较晚，而且后来只做过一些小官，为官时间也不长。不过，儒者"在其位则谋其政"。陆九渊并没有因为是小官就敷衍塞责，他不仅是全身心投入"博施于民而济众"的政治实践中，而且善于积累治政经验，在有限的职位中，成就了一番显赫的政绩。

一、半推半就科举路

生活在南宋时代的人，大都从小就怀有远大的志向抱负，比如岳飞、辛弃疾、陈亮等。陆九渊也不例外，自小就怀有大志向。他十三岁时就写下"宇宙内事乃己分内事，己分内事乃宇宙内事"的极具担当情怀、极具关怀意识的豪言壮语；十五岁时因读《三国志》《六朝史》而想到本朝"靖康之耻"，决意弃笔从戎，将一双秀气的指甲剪去，向五兄陆九龄学习武术，以图报国。年纪轻轻就写下那气吞山河的《大人诗》：

从来胆大胸隔宽，

虎豹亿万虬龙千，

从头收拾一口吞。

有时此辈未妥帖，

哮吼大嚼无毫全。

朝饮渤澥水，

暮宿昆仑巅。

连山以为琴，

长河为之弦；

万古不传音，

吾当为君宣。

这首诗抒发的大意是：我就是天地间的大人，胸怀宽广，胆识无双，世界上的一切"妖魔鬼怪"我都可以把它们一一吞掉！孟子死后，圣道不见，我正是那个接承孟子，传承、弘扬圣道的主人。多么大的口气！多么远的志向！然而，让人纳闷的是，正是拥有这样广博的胸怀、怀有如此宏大志向的陆九渊，对在封建社会唯一能帮助自己实现抱负的科举考试却了无兴趣，无动于衷。

南宋时期，科举考试三年一考，已成人的九渊却不为所动，读该读的书，做该做的事，这也可以从他后来抨击科举考试的文章中看出来。他曾在写给好友毛元善的信中说："无常产而有常心者，惟士为能。古之时，士无科举之累，朝夕所讲，皆吾身吾心之事则达天下者也。夫是以不丧其常心。后世弊于科举，所乡日陋，病其驱于利欲之涂，吾身心之事没不复讲，旷安宅而弗居，舍正路而弗由，于是有常心者不可以责士。非豪杰特立，虽其质之仅美者，盖往往波荡于流俗，而不知其所归，斯可哀也。"可见，陆九渊不仅不愿参加科举考试，而且对科举考试之弊端有非常深刻的认识，这是非常难能可贵的。

然而在那个年代，无论升官发财，还是报效国家，科举考试是唯一出路；而对于陆家而言，好不容易出了一个神童，竟然不愿走科举之路。这可把老父亲陆贺急坏了。不过，父亲显然不会放过这难得的提升家族地位的机会，他立即找来九渊的几个哥哥商量对策。

陆贺唱黑脸，正面教导九渊，科举考试的成功对他自己、对家族、对国家有多么大的意义；兄长们唱红脸，一个说作为儿子应该尽孝，父命不可违，另一个说，如果科举成功了，弟弟就成了全家的福人……迫于这种"软硬兼施"的压力，九渊最后还是"投降"了，违心地走上科举考试之路。

然而，让陆家发愁的是，陆家家族中并没有合适的长辈指点九渊。为了让九渊科举考试走得顺畅，寻找一位熟悉科举考试和程文的高人指点，便成了迫在眉睫的事情。经过商量，在陆九龄的推荐下，陆贺决定让陆九龄带着陆九渊拜访抚州进士李浩。

一到李浩家，陆九龄跟他说明来意：一是来求教，二是求程文范本，三是请李浩为九渊选择古籍。

李浩听明来意很是开心，毫无保留地将他所知道的情况完完整整地告诉九渊：程文的内容大多是以论述中兴之道为重点，但不要过多地涉及"和"与"战"，因为这个问题很敏感，这点一定要切记；在选籍方面，京都注籍、诗家经赋都已有很多人选，只有《周礼》一科无人报名，所以建议陆九渊从《周礼》下手为好；最后还对九渊表示了良好的祝愿，预祝他考试成功。随后从一抽屉里拿出程文范本数篇，以供揣摩之用，同时又向兄弟俩详细讲解了选才的原则、科举中的竹幕（指事情不公开，难以窥见真相）等。九龄、九渊兄弟听后满心欢喜，连称感谢。

绍兴三十二年（1162），陆九渊参加了乡试考试。九渊和侄子焕之听从李浩先生的指点，选《礼记》并报上去注籍。经过数月的寒窗苦读，这年八月考试结束。科举考试很快成为过去，九渊压根就没放在心里。

一天，他在家里练习刚刚从四兄九韶那里学来的琴艺，琴声激越，旷心怡神。就在这个时候，突然传来阵阵喊声："恭喜啦！恭喜啦！陆相公高中了！"

四兄九韶抱拳询问："敢问陆家是谁高中了?""陆九渊先生高中第四名！"报喜人高声嚷道。九渊初试成功，成为秀才。不过，根据那个时代的科举考试制度，乡试通过了还要参加省试、殿试。

乾道七年（1171），陆九渊在兄长和妻子的鼓励与劝说下，再次参加乡试，结果第二次高中。第二年春天，天子开科大考，陆九龄带着九渊进京赶考。

在考试前几天，陆九龄带着九渊拜见了当时的著名学者吕祖谦。吕祖谦（1137~1181），字伯恭，史称东莱先生，浙江金华人，与湖南的张栻、福建的朱熹并称"东南三贤"。

吕祖谦不仅在儒林中拥有很高的威望，在官场上也拥有显赫的地位，办起事来可以说是左右逢源、游刃有余。

陆九龄这个时候带着九渊拜访吕祖谦，意图不言而喻。兄弟俩来到吕祖谦居住的贡院，吕祖谦见江西陆氏兄弟拜访，很是欢喜，热情地接待了兄弟俩。

让兄弟俩感到意外的是，吕祖谦早就注意到了九渊的文章。言谈之中，他不仅对九渊的乡试文章极为赞誉，并且告诫九渊在试卷上千万不要有出格言语，九渊也心领神会。

数日后，陆九渊参加了壬辰科的考试。主考官分别是吕祖谦、赵汝愚、尤袤三大名家。评卷之日，吕祖谦读到一份卷子上的一段文字：狎海上之鸥，游吕梁之水，可以谓之无心，不可以谓之道心。以是而洗心退藏，吾见其过焉而溺矣。济溱洧之车，移河内之粟，可以谓之仁术，不可以谓之仁道，以是而同乎民、交乎物，吾见其浅焉而胶矣！

吕祖谦禁不住拍案称绝。他迅速找到另外两位主考官请他们审阅、分享这份考卷，赵汝愚、尤袤无不赞赏。这就是陆九渊的文章。省试出榜，九渊如愿金榜题名，成为贡士。

贡士的获得，意味着九渊即将参加最高级的考试——殿试。不过，陆九渊的殿试并没考好，只得了个"赐同进士出身"。

九渊虽然没有获得最高功名，但他的名气已经不胫而走，"江西陆学"也因此在全国开始传播开来。

二、做官为民求福祉

陆九渊虽然不屑于科举考试，但最终还是走上了科举之路，并且获得了成功。而科举考试的成功为他打开了仕途通道，也为他实现自己的抱负创造了条件。尽管九渊一辈子只做过几次小官，时间也不长，但由于其仁心在我、为政以德，其治政的风范与政绩仍然是值得大书特书的。

淳熙元年（1174）三月，陆九渊奉命赴部调官，职位是靖安县主簿。但不能立即上任，需要等候。事实上始终未能上任。不过，九渊却利用这个踏上仕途的机会考察了社会，接触到官场。

他认为当时的社会是由三种人组成的世界，这三种人是官人、吏人、中人。官人就是指朝廷命官，包括郡守、守帅、提刑、监司、漕吏、县令、主簿等。这些人中，才能、道德参差不齐。吏人是指胥吏、僚属等，多是些为非作歹之徒。中人指那些无以自立的人，他们的言行处事好比墙头草，从风而偃。

陆九渊对这三种人的关系和作用作过较详细的分析。

官人，一般是通过科举考试而跻身于上层，所以大多数不是本地人，不过，他们的身边都是吏人及吏人的后代，所以官人左右都是吏人；官人常常被吏人欺负和出卖。

吏人本来是办公事的，但为了各自利益，他们竞相争夺。所以吏人没有良心、没有公心。官人想知道事情的真相，可是吏人却不让官人知道。官人不能知道实情，所以制定政策、措施就不能取信于百姓。

中人则是地方上的无赖之徒，他们阻碍救济之事，堵塞惩治的通道，阳奉阴违，无恶不作。这样，官人、吏人、中人相互勾结，狼狈为奸，使邪说四起、冤案丛生，百姓处于水深火热之中。

这是九渊考察官府、民情时的心得，不可谓不生动，不可谓不深刻！

陆九渊此时的另一收获是第二次拜访吕祖谦。师生重逢，相聚甚欢。九渊将自己所见、所闻、所思倾诉于吕祖谦。

九渊批评当世讲学之风，认为讲学是名，求利是实，如此邪说异论，充塞仁义。吕祖谦深为九渊的胆识与敏觉所震惊。九渊讲得兴起，又将自己内心蕴藏了很久的"心学"讲给吕祖谦听。吕祖谦听罢，一方面慨叹其英才奇特，另一方面也感觉到其"心学"与朱子学的差异。吕祖谦在后来给陈亮的信中写下这样评语："自三衢归，陆子静相待累日，又留十八日，昨日始行。笃实诚直，朋游间未易多得。"

淳熙十一年（1184），陆九渊在敕局春祀祚德庙为献官，历时五年。这五年里，九渊官职虽不大，但有几件事还是值得一说的。

第一件事是关于治政的宽严问题。这件事与朱熹有关。朱熹在南康上疏时得罪了皇帝，此时又恰逢浙东大饥，宰相王淮便乘机"奏改熹提举浙东常平茶盐公事"，朱熹被调换，同时受到言论的很大压力。

陆九渊得知这件事之后，为朱熹打抱不平。他为朱熹辩护说，朱熹在南康时就被人指为太严，但治政的"严"和"宽"是不能泛泛而论的，而应以事实为据。比如，后来朱熹在浙东治政照样是很严，却立下了救旱的功劳，为浙人谋得了利益，这件事在浙东已传为美谈。因此，那些侥幸得到宠禄的人是不应该无中生有地指责朱熹的。

此时正是陆九渊与朱子在学术上争论很激烈的时期，然而九渊仍然是"以理为是非，非以人为非"，足见其胸怀之宽广、气度之博大。

陆九渊还写信给辛弃疾，认为有些人的"宽"是对贪吏之"宽"，"严"是对百姓之"严"，而这对社会、对国家都是不利的——"贪吏害民，害之大者，而近时持宽仁义说者，乃欲使盐司郡守不敢按吏，此愚之所谓议论之蔽，而忧之未能去怀者也"。

陆九渊认为，当时官员极少是以民为心的，而朱熹能做到。他在给家乡抚州官员陈倅的信中写道："今时郡县能以民为心者绝少，民之穷困日甚一日。抚字之道弃而不讲，掊敛之策日以益滋，甚哉，其不仁也。"

第二件事是关于整顿财政税收问题。陆九渊反对政府向老百姓无休止地索取。他给老家金溪县令赵公愈写信说："金溪为邑虽陋，而财赋初不至甚窘，求之异政得失，己事可见……顾乃下与吏胥为党，贡谀献佞以陷执事。大抵吏胥献科敛之计者，其名为官，其实为私。官未得一二，而私获八九矣。"如此与家乡官员讨论税收问题，如此直言不讳，足见九渊性情之直爽、人品之高洁、爱民之深切。

第三件事是建社仓问题。这件事也与朱熹有关。朱熹曾在福建建宁创立社仓，目的是用于平抑粮价与灾荒备用。陆九渊在敕局"编朱元晦社仓事"，感到这是一项非常好的平抑粮价的办法，他不仅写信建议自家兄弟仿照朱熹建设社仓，还写信督促家乡的官吏普建社仓。一时间，社仓遍布抚州辖区。

第四件事是"五上札子"。所谓"五上札子"指就五个方面内容上疏：一是说"君臣关系"。希望君臣之间尽其所言，相互辩论。二是论"尊德乐道"。主要是说自秦汉以后没有一个帝王知晓什么是道。三是言"知人则哲"。就是告诉皇帝应该以全面了解一个人作为关键，以正确理解一个人作为原则，并且说，如果帝王能够全面了解一个人、能正确理解一个人，那对他来讲就不会有难事、大事和余事。四是议"立至驯政"。就是要求行事雷厉风行，并努力做到立竿见影，立规模而不拖延，这样的话，消除长期积累的弊端，就可立即获得成效。五是劝"不亲细事"。即要求帝王不要事无巨细都去过问，应以大事为重为紧。

九渊以为，这"五札"可算得上作为帝王的"中正大道"。然而，孝宗皇帝向来不喜欢儒生，陆九渊不仅没有因为此"五札"而升职，反而丢了官。

淳熙十三年（1186），陆九渊突然接到消息，他将升为"宣义郎"。可是几天后，给事中王信澄清没有此事，让九渊空欢喜一场。后又得旨，奉祠主管台州崇道观。这是一个闲职，可以休闲在家，但俸禄分文不减。

淳熙十六年，因宰相周必大推荐，皇帝下诏，命九渊任荆门军。九渊于绍熙二年（1191）赴任。他任职荆门时间极短。绍熙四年卒于任上。短短的时间里，陆九渊治理荆门的政绩却值得大书特书。以下从五个方面作简要介绍。

其一是修筑城墙。荆门是军事要地，地处鄂、湘、陕、赣、川等省的交汇处，而且常常遭到北方金兵的侵扰。然而，这么一个地势显要的地方，竟然没有一片城墙。陆九渊感到此事重大，经过商讨评估之后，决定修建城墙。

在修建城墙过程中，九渊身先士卒，而且动员全部家人参与。这也极大鼓舞了群众的士气。由于上下的齐心协力，只花了四个月时间便告完工，所花费的缗钱三万，不到预算的六分之一，大大节约了开支。

其二是改善法治。陆九渊是心学家，强调做人以坚守"本心"为根本，但他并不忽略法治建设。陆九渊重视法治的表现就是推动法治的有效性，因而他反对冗长怠慢的法治，提倡"易简"。比如，凡是来诉讼投状的，只要直接向他面陈即可；而所属官吏、百姓，只要有事呈报，他都可以随时接见。这一举措的推行，让当地百姓无不拍手称快。

其三是整顿军纪。陆九渊刚来荆门上任，便发现这里的军队极为涣散，而且经常有逃兵。针对这种情况，他提出"信捕获之赏，重奔窜之刑"的处理方法，奖赏那些捕获嫌犯有功之人，重罚那些畏惧逃窜之人。

与此同时，陆九渊也表现出很人性的一面，他关心士兵生活，使士兵"役之后加庸直，无饥寒之忧"。他还亲自抓军事训练，当时流行这样的话："独荆门整习，他郡所无。平时按射，不止于兵伍；郡民皆得而与，中亦同赏。"陆九渊对士兵要求极为严格，不合格则加练，直到合格为止；成绩优异者则给予奖赏。经过陆九渊的努力，荆门军队的精神面貌焕然一新。

其四是改善税收。陆九渊刚到荆门，便发现这里的藏库空空如也。他后来才知道，造成这种状况的原因有两个：一是税收被贪官所吞；二是阻碍商业贸易的关卡太多。

在当时的荆门，商人做生意必须通过三道卡：第一道卡是由小官吏日夜把守商贩的来往通道，巧立名目，强迫商贩交税；第二道卡是税卡，即只要是商贩必须缴纳一定数额的税；第三道卡是查卡，就是指商人运送货物时，被发现没有清单或货物与清单不符，接受的惩罚便是没收或补交或罚款。商人们只有通过此三道关卡，才能做自己的买卖。可是很多商人通过此三道卡后已是元气大伤，根本赚不到什么钱了，于是商人们都不来荆门，荆门的市场也就萧条了。

陆九渊经过仔细的实地考察后，作出大胆的决定：罢"三门引"，即将此三道卡彻底撤销。此一举，贪官遭到打击，商人大快人心，荆门的生意从此再现繁荣景象。

南宋政府规定，边疆如荆门这样的地方，为了不让铜钱流失到敌人占领的地区，老百姓不准用铜钱，只能用铁钱。但是，荆门驻军上交战马粮草钱要用铜钱，农民、商人纳税要用铜钱，这样，农民、商人纳税需先用铁钱换成铜钱，而用铁钱换铜钱时，税吏要扣除三分利息。这样就使得军队、农民、商人都蒙受损失，怨声载道。陆九渊经过调查取证，果断下令蠲免，这一举措也深得民心。

其五是整顿簿书。陆九渊很早就认识到簿书不清，常为贪官所利用。因此他上任荆门便着手整顿簿书。他曾对此发表议论说："乡来郡中公案，只寄收军资库中。间尝置架阁库，元无成规，殆为虚设。近方令诸案就军资库各检寻本案文字，成收附架阁库，随在亡登诸其籍，庶有稽考。若去秋以来，文案全不容有脱矣!"这样，簿书整理明晰，贪官们就无法钻空子了。可以想见，至少在陆九渊的任内，因钻簿书空子而贪污之事是不可能发生的。

从以上事例可以看出，陆九渊的治政实践，亲民、爱民是最大的特色，这与他的哲学思想也是密切相关的："有不仁不善为吾之害，而不有以禁之、治之、去之，则善者不可以伸，仁者不可以遂。是其去不仁，乃所以为仁；去不善，乃所以为善也。故曰：为国家者，见恶如农夫之务去草焉，芟夷蕴崇之，绝其根本，勿使能殖，则善者信矣。"如此，便不难理解九渊荆门治政之厉行和苦心了。

三、由治"心"到治政

陆九渊所做官职虽然不大，而政绩不可谓不大；为官时间不长，却表现出鲜明且独特的治政理念。陆九渊治政理念既是儒家政治思想的财富，也很有现实意义。

治政先治人心。陆九渊哲学思想的核心是"心本论"。所谓"心本论"，即言"心"是万物之本体，万物皆由"心"生。但这个"心"是道心，是"理"，是仁、义、礼、智，是"耻得其所"，而不是"人心"。因此，陆九渊认为，一个人能把持"本心"、挺立"本心"，也就是"人心"归正，那么，其社会作为自然符合德性，其政治实践自然也依德而行。

陆九渊的治政理念与他的"心学"是一致的。在陆九渊看来，一个人要做官为政，首先要"正心"，即将其道德素质提升；一个国家要治理好，国君应把净化风俗、端正人心定为急务、要务。因此，当有人问九渊治理荆门首先要做的事是什么时，九渊不假思索地回答："必也正人心乎?"所谓"正人心"，也就是挺立"本心"。

陆九渊为什么如此看重"本心"在治政中的作用呢?因为有了"本心"，就是有了良心，就是能够立"大体"，就能做到不为外在的利欲所诱迫、所牵引，就能光明正大地行政，就能勇于与邪恶斗争，就能把百姓的利益摆在第一位。

所以，对于君子而言，"本心"的拥有和挺立是其第一本质。因为君子只有挺立"本心"，才能以仁义为重，才能为国、为民、为道义而行政。

九渊强调治政先治人心也表现在他用"本心"作为衡量社会发展的标尺上。在他看来，"道"与"势"合是最理想的，也是最能取得成功的。什么叫"道"与"势"合呢?九渊的解释是，在道德品质上符合做诸侯的条件就做诸侯，符合做大夫的条件就做大夫，符合做士的条件就做士。如果不是这样，就叫"道"与"势"分离。

在儒家思想中，君主是治政的根本，有所谓"君之心，政之本"之说。九渊继承这一思想，他说："为政在人，取人以身，修身以道，修道以仁。仁，人心也。人者，政之本也。身者，人之本也。心者，身之本也。不造其本，而后事其末，末不可得而治矣!"因此，使君主有颗"本心"是至关重要的。而使君主拥有并挺立"本心"，还要有"格君之心"的功夫。所谓"格君之心"就是使君之心从"人心"转为"道心"、转为"民心"。

可见，"治政先治人心"的确是陆九渊根本的治政理念。

民为治政之本。陆九渊曾说，他的学说来自孟子。那么，孟子的民本思想是否被他继承了呢?回答是肯定的。可以说，陆九渊的政治思想充满着对普通百姓的同情和关怀。

孟子的"仁政"就是要让百姓有饭吃、有房住、有衣穿，让百姓安居乐业，并能不断提高他们的生活质量。在孟子看来，百姓才是根本，君主、国家都不如百姓重要。因为将老百姓的问题解决了，整个社会也就和谐了。

九渊完全继承了孟子的民本思想。他认为上天立一君主，让他治理国家，都是为了百姓，而不是为君主本人，所以百姓是本，国家次之，君主再次之。所以，九渊主张治政就是为了养民、保民和教化天下百姓，所谓"行仁政者所以养民"。

因此，他认为君主的设立、政治组织的设置，政治权力的运用，都应服从于为人民求生计、谋福利这一最高目标。如果生活中有妨碍这一目标实现的问题，君主及其把持的政治机构应努力于这个问题的解决。陆九渊说："民生不能无群，群不能无争，争则乱，乱则生不可以保。王者之作，盖天生聪明，使之统理入群，息其争，治其乱，而以保其生者也。"君主所要做的，就是利用自己的政治管理智慧，调节生产与分配，统合社会的分工合作，平息争端，以实现百姓求生存、谋安养的目的。

在具体的政治实践中，陆九渊"民为治政之本"的治政理念更是得到完满体现。比如，百姓没有粮食，揭不开锅，便开仓济困；米价贵了百姓买不起，便平抑米价；洪水泛滥，便兴修水利，减少灾害；苛捐杂税太多，影响百姓生活质量，也影响百姓生产、做买卖的情绪，便采取措施或减免或取消，等等，无一不体现了"民为治政之本"的理念。

义理优于名分。儒家是很注重伦理名分的，君君、臣臣、父父、子子，各司其位，是不能僭越的。孔子曾经批评季氏"八佾舞于庭"，因为这是不可容忍的事件，违背了当时的名分。按照当时的名分，只有天子才能"八佾舞于庭"。

不过，到了孟子这里，虽然仍旧提倡名分，但比较注重名分与义理的平衡。比如，孟子认为，君主如果将臣子看成手足，那么臣子应将君主看成心脏；如果君主将臣子看成犬马，那么臣子可将君主看成国人；如果君主将臣子看成土芥，那么臣子则可将君主看成仇敌。君为臣纲，君臣的名分是固定的、绝对的。然而在孟子这里明显融入了义理，即要求在名分之中引入更为健康、更为积极的关系。臣子由此扮演更为积极的角色："务引其君以当道，志于仁而已。"

陆九渊继承了孟子这一思想，他更注重义理，如果义理与名分发生冲突，他认为应选择义理，而不是名分。陆九渊说，长期以来，名分成为一些人钻营私利的工具，各级官吏都有借名分犯罪的案例，而那些以义理抗争的人却得不到支持。因为官吏们完全不会去考虑公理在哪里。而陆九渊认为，只要义理在手，就是老百姓也不应被侵犯。

陆九渊进一步指出，如果天下的名分权势出自道义，那就叫有道之世；如果一个国家的名分权势出自道义，那就叫有道之国；如果一个人的名分权势出自道义，那就叫有道之人。相反，则是无道之世、无道之国、无道之人。因此，九渊强调，在"理"与"势"的关系中，"理"为主、"势"为辅，而在"势"与"理"发生冲突时，必须"理"优先，这样才可能使政治免于独裁、暴虐和腐败。

总之，在陆九渊看来，以名分权势侵害义理就是黑道政治，是不能长久的。

为政应尽职守。孔子曾说，不在其位不谋其政。这句话倒过来讲，就是"在其位必谋其政"。陆九渊认为，一个人尽其职所是天之所命，必须如此。他说，放眼宇宙，所有事物都有它的"位"、它的"职"。天有天之职，是"垂象而覆物"；地有地之职，是"成形而载物"；人君有人君之职，是"裁成天地之道，辅相天地之宜，以左右万民"；因此，万物莫不有其职。既然万物都有它的职，而且应尽其职，那么，那些有官职的人怎么可以不尽其职呢？

孟子曾说："幼而学之，壮而欲行之。"陆九渊解释说，所谓"行之"，就是"行其所学以格君心之非，引其君于当道，与其君论道经邦，燮理阴阳，使斯道达乎天下"；所谓"学之"，就是"从师亲友，读书考古，学问思辨，以明此道"；因此对于君子而言，"少而学道，壮而行道"是他们的天职。

对于君主，陆九渊认为也应恪尽职守。他曾提出"四君子汤"之说，就是要求君主做到"任贤、使能、赏功、罚罪"，只有做到这四点，才称得上恪尽职守。

对于那些普通从政者，虽然官位不大，职务不高，所从事的工作也许不是特别重要，但也必须坚守岗位，做好自己的本职工作，而且应立其"本心"，将事做得更好。

所谓"治政先治人心"，就是要求治理国家之人，首先对人民进行教化，培植他们的道德品质，使他们实现从"人心"到"本心"的转变，最后立"本心"；所谓"民为治政之本"，就是强调任何政治行为、行政作为，都应代表人民的利益，都要从人民的生计、生活着想，都要符合"道心"；所谓"义理优于名分"，就是反对用名分权势欺压有理之人，反对借用名分权势以行个人之私，反对用名分权势破害道义，道义必须是名分权势的根本，而不是相反；所谓"为政应尽职守"，就是要求上自至尊帝王、下至草根百姓，都应根据自己所在的职位，做好本职工作，要尽全力而为之，不能偷懒苟且，依"本心"而为之。可见，陆九渊的治政理念，完全是其"心学"在政治上的体现。

第 3 章

讲学布道传儒

陆九渊虽然没有做过大官，政绩也谈不上有多显赫，但在学问上却是名副其实的一代宗师。他不仅到处讲学，建办书院，而且创造了诸多独特的教学方法，培养了大批出色的弟子。这无论是对他自己思想的传播，还是对儒家思想的弘扬，抑或对传统教学方法的继承和发展都产生了积极作用。

一、以讲学为乐趣

陆九渊讲学终其一生，不管是在位还是不在位，不管是在山村还是在城市，从来没有中断过讲学。此正是《中庸》所谓"须臾不离道"。如果要将陆九渊一生讲学的情形归纳起来，可分为"行都讲学""富阳讲学""槐堂讲学""国学讲学""白鹿洞讲学""象山讲学""荆门讲学"七个片段。

行都讲学。孝宗乾道八年（1172）五月，陆九渊参加殿试，虽然考得不很理想，但也获得"赐同进士出身"。中了进士之后，陆九渊如逢大喜，在行都（临安）住了四十多天。

这期间，慕名拜师求学者络绎不绝。据《年谱》记载：

"先生既奉名，声振行都，诸贤从游，先生朝夕应酬问答。学者踵至，至不得寝者四十余日。"陆九渊虽然只获得"赐同进士出身"，但因才华过人，再加上吕祖谦等名家的举荐，声名大振。由于从游问学者太多，使他忙得不可开交，以至于四十多天腾不出时间睡觉。这段时间先后从游的学生有：杨简、袁燮、舒璘、沈焕、徐谊、王有大、石崇昭、胡拱、孙应朝、诸葛诚之、高宗商等。

而具体的讲学情形，可以从学生的角度观察：

徐谊，字子宜，温州人，与九渊为同科贡生。根据《年谱》记载，徐谊侍学九渊期间，经常受到启发。《年谱》举一例说，徐谊与九渊一同参加殿试，题目是"天地之性人为贵"。试后，陆九渊说，我想说的观念，也都被徐子宜说得清清楚楚，但我能将我的想法落实于实践中，子宜却做不到。因此，尽管徐子宜总想将自己搞得与众不同，但还是达不到为学的最终目的。可见，陆九渊学问注重践履，不注重烦琐的理论。

另一位学生袁燮曾这样记录陆九渊讲学的情形：前往先生处问学的人络绎不绝，有时竟夜以继日地接待学生问学，然而却不曾见先生露昏急之色。先生讲学时表里清明，神采映照，周围听讲者，无不兴致盎然。

富阳讲学。行都讲学期间，杨简曾留下一个"何谓本心"的疑问。杨简公务繁忙便先告辞，但与九渊告别时请他方便时到自己任职的富阳做客，并再请教。

陆九渊在当年六月到达富阳。在富阳城大街上，九渊正巧碰上两个人为买卖扇子之事争执了起来。买扇子的人讲，扇子质量有问题，要求退货退钱；卖扇子的人讲，扇子质量没问题，拒不退货退钱。两人争得不可开交。此时，杨简正笑脸相迎，接九渊进府。

杨简待九渊坐稳，便急切地问："请问先生究竟什么是本心?"九渊说："孟子讲的恻隐、羞恶、辞让、是非就是本心。"杨简很是疑惑，对九渊说："孟子讲的四端，学生小时候就能倒背如流，可究竟什么是本心呢?"杨简又连续追问了好几次，陆九渊就是不语。

此时，刚才为扇子争执的两人争到府上来了。杨简只得抽身处理此案。处理完又问九渊何谓本心。这个时候，陆九渊不紧不慢地说："你刚才不是处理了一个扇讼的案子吗? 对者你要知道对在什么地方（对的原因），错者你要知道错在什么地方（错的原因），这就是敬仲（杨简）你的本心。"杨简听完此话，恍然大悟，纳头便拜九渊为师。

后来杨简自己描述此次问学情形云："简发本心之问，先生举是日扇讼是非答，简忽省此心之无始末，忽省此心之无所不通。"而九渊也曾与人说"敬仲可谓一日千里"，即是指此次本心之问。

槐堂讲学。南宋时期，参加科举考试的人虽然中了进士，但要做官还需等候朝廷的安排与任命。这样，在未上任之前，陆九渊不得不回到家乡青田。但回到家里，总不能游手好闲、虚掷光阴吧。于是，陆九渊便与兄弟几个商量，在家里开辟一个讲学处，讲学授徒以传播圣人之道。

陆家老宅有一棵大槐树，陆氏兄弟便将讲学处取名槐堂。新科进士陆九渊开讲席的消息不胫而走，很快在家乡传播开去，四面八方拜师问学者络绎不绝。最为有名的学生有傅梦泉、傅子云、黄叔丰、徐仲诚、李伯敏、吴金玉、邓约礼、詹阜民等。

陆九渊讲学内容有"辨志""本心"，主要特点是有教无类、体察心理、因材施教。兹举一二例以明之。

李伯敏问什么是"立志"。陆九渊说："一个人就怕无志，而立有志向的人没有不成功的。立志的关键在于分辨势利、道义两条道路，而立志，就应先发明本心。"李伯敏又问："请问先生如何立志？如何发明本心？"陆九渊说："立就是你立，你自己立，却问我如何立，有这种道理吗？"李伯敏听后大悟，并拜谢九渊。

徐仲诚问什么是"本心"。陆九渊并不直接回答，而是要他默读《孟子》中"万物皆备于我矣，反身而诚，乐莫大焉"，有所得后再来相见。

一个月后徐仲诚来到槐堂。九渊问他，读那句话的心得是什么？徐仲诚答道："好比镜中观花。"九渊大喜，并告知左右学生："仲诚见解和我一样了，这个觉悟是别人无法替代的，全在仲诚身上。"众生一片惊愕。

詹阜民曾经问学于湖南张栻，可是始终没能觉悟，自从问学于九渊，他的疑惑才得以解开。詹阜民曾问九渊，如何才能悟道。九渊告诉他，问学求道不能溺于文字，不能为文字文章所惑，不能钻在故纸堆里出不来。詹阜民按照九渊的引导去实践，结果茅塞顿开，直契本心。

傅子渊、邓约礼都是槐堂讲学时期的学生，但他们的特点不同。陆九渊对他们的评论，反映其因人而异的施教方法："子渊弘大，文范细密。子渊能兼范细密，则非弘也；文范能兼渊弘大，则非细也。"

槐堂讲学期间，陆九渊还提出了自立、自重、自得、自成、自道的教学理念。所谓自立、自重，就是要以自己为主，不做墙头草，不可随便学他人言语，随人脚跟，拾人牙慧；所谓自得、自成、自道，就是为学不能光倚靠师友典籍，要有自己的思考，不做他人的奴隶；要有开放发展的精神，不要固守已有的旧观念；要有成就自己学问的胆识，努力创新。槐堂讲学基本上奠定了陆九渊一生的学说特质。

国学讲学。淳熙九年（1182），陆九渊任职国子正，讲授国学。此间从学人员大多是浙中人士。如朱熹所说："此约诸葛诚之在斋中相聚，极有益。浙中士人贤者皆归席下，比来所得为多，幸甚！"这个时期的讲学内容主要是严夷夏之辨，明民族大义。

有一天，九渊主讲"楚人灭舒蓼略"。他说，圣人以中国为贵、以夷狄为贱，不是有私心于中国，而是因为中国得天地中和之气，拥有文明的礼义教化，因此，以中国为贵，不是为了贵中国而贵中国，而是因为中国的礼义。中国虽然历经衰乱之世，但圣人典型依然存在，流风遗俗也并未泯灭。不过，一旦夷狄强盛，通过吞并小国壮大自己的实力，接下来便可能乘此气力，侵袭诸夏，那时礼义将丧失所凭依的国家而分崩离析，这才是圣人所担心的大事啊！可见，陆九渊讲《春秋》诸章，主要是向人们讲清楚民族大义、礼义之道，希望听者守礼义之约、立复国之志。

这次讲学情形也有记载："先生为国子正，删定敕局，居中五年，四方之宾满门，毫无虚宇，并假于馆，中馈百需，先生不一启齿。"陆九渊在国子正五年中，来自全国各地的宾客挤满了他的家，为他们提供食宿，人多的时候甚至要向宾馆借宿，至于饮食，都由陆夫人调理，九渊从不过问。黄宗羲在《宋元学案》慨叹："弟子属籍者数千人，何其盛哉！"

象山讲学。淳熙十三年（1186），陆九渊奉旨主管台州崇道观。这是一个虚职，恰好为陆九渊致力讲学创造了条件。

根据《年谱》记载，陆九渊开始在象山讲学的情形是："时乡曲长老，亦府首听诲，每诣域邑，环坐率二三百人，至不能容。徙寺观县官为设讲席于学官，听者贵贱老少，溢塞途巷，从游之盛，未见有此。"

不过，由于问学者越来越多，陆九渊的学生彭世昌便与朋友商量，在应天山建筑房屋，取名象山精舍，邀请陆九渊讲学五年。其间，从学者也是难以数清，著名的有傅季鲁、彭世昌等。对于这个时期讲学的情形，有这样的描述："先生常居方丈。每日精舍鸣鼓，则乘山轿至。会揖。升讲坐。先生容色粹然，精神炯然。学者又以一小牌书姓名年甲，以序揭之，观此以坐。少亦不下数十百，齐肃无哗。首诲以收敛精神，涵养德性，虚心听讲。诸生皆府首拱听。非徒讲经，每启发人之本心也。间举经语为证。音吐清响，听者无不感动兴起。初见者或欲质疑；或欲致辩；或以学自负；或有立崖岸自高者，闻诲之后，多自屈服，不敢复发。其有欲言而不能自达者，（先生）则代为之说，宛如其所欲言，乃从而开发之，学生至有片言半辞可取，必奖进之，故人皆感激奋励。"

除了讲学，陆九渊闲暇时的气象则是：平时起居，或者读书冥思，或者抚琴哼唱。当碰到好的天气时，便可能漫步在山中，观看瀑布；有时则登高望远，咏诵经训，或作楚辞及古诗文，雍容淡雅，张弛自如。即使是盛夏酷暑，衣服帽子也穿戴整齐，庄严肃穆，看上去就像神一样。

淳熙十六年（1189），陆九渊主管台州崇道观祠秩已满，根据南宋政府的规定，祠禄官三年为期，期满停俸禄。俸禄一停，陆九渊的生活便陷入窘境。他在写给侄孙的信中表露了不安的心理："山间近来结庐者甚众。吾祠禄既满，无以为粮，诸生始聚粮相迎。今方丈前又成一阁，部勒群山，气象益伟。第诸生中有力者寡，为此亦良不易，未能多供人耳。今夏更去迭来，常不下百人；若一时俱来，亦未有著处。贵溪宰甚有政声，邑人以为久无此人。其致礼于山间甚厚，屡欲躬至问道而未果。"

白鹿洞讲学。淳熙八年（1181），陆九渊来到朱熹做地方官的南康（今江西星子县）。朱熹听说陆九渊来访，很是高兴，并陪同九渊一起坐船游览。朱熹甚至说："自有宇宙以来，已有此溪山，还有此佳客否！"随后，朱熹请九渊在白鹿洞书院作了一次讲演。

陆九渊讲演的题目是《论语》中"君子喻于义，小人喻于利"。陆九渊说，孔子所讲"君子喻于义，小人喻于利"，就是用来判别怎样才算君子，怎样才算小人的。就是说，判断一个人，要看他的志向。如果他的志向是"道义"，那么他学习的目的也是领悟道义、坚守道义；如果他的志向不是"道义"，而是"利欲"，那么他学习的目的也就是为了谋取私利。因此，我们不能不对求学的人的志向加以分辨。比如，当今许多"名儒巨公"都是经由科举考试选拔出来的。但是，科举考试的成败一方面与考试技巧和能力有关，另一方面则与主考官的好恶有着密切的关联，所以科举考试的成功并不能成为判别君子、小人的标准。

那么，什么可以成为判别参加科举考试的学者或君子或小人的标准呢？在场朋友都知道，当今的学者，大都沉迷于科举考试而不能自拔，他们读的虽然是圣贤的书，但他们的志向却不是圣贤书中的道理，而是高官厚禄、荣华富贵。像这种人，日后做了官就会以官的大小、俸禄的厚薄作为追求的目标，怎么可能全心致力于国家大事呢？怎么可能不辜负他的职位呢？又怎么可能不是小人呢？

相反，如果参加科举考试的学者、士人以道义为志向，那么，他的文章所述都是他平日里的思考，他心中所想光明透彻而与圣人无违。根据这种志向做官的人，都能尽职尽力、勤于公事，心系于国家和人民，从不考虑个人的得失。这种人怎么可能不是君子呢？

九渊最后说，元晦（朱熹）先生修复白鹿洞书院，我想他的用意是很深远的啊。在座的都是来到这里求学问道的，肯定都是以道义为志向的吧？陆某愿与你们共勉！

九渊的讲演，言辞简洁透彻、直指心肝。当时听者无不为之动容，有的热泪盈眶，有的汗流浃背，有的坦荡荡，有的常戚戚……

主持人朱熹对九渊的讲演评价很高，并为此讲义写了跋。曰："熹率僚友，与俱至于白鹿书堂，请得一言以警学者。子静既不鄙而惠许之。至其所以发明敷畅，则又恳到明白，而皆有以切中其隐微深痼之病，听者莫不悚然动心焉。于此反身而深察之，则庶乎其可以不迷于入德之方矣。"

荆门讲学。光宗绍熙二年（1191）九月，陆九渊奉命来到荆门，成为荆门的地方长官。上任荆门后，陆九渊除了处理政事外，仍然继续他的讲学。所谓"朔望及暇日，诣学讲诲诸生"。

九渊这个时期讲学的内容，主要是教育人们如何破除迷信、移风易俗，如何修身养性，使民德纯朴敦厚。

绍熙三年五月，陆九渊给全体官员及吏卒讲《洪范》，荆门百姓也自发前来听讲，约五六百人。所讲内容为：

其一是君王建立的最高法则就是中道。所有人生来都具备这种最高的中道法则，但由于每个人所秉承的天性不同，所以对这个最高法则的觉悟有快慢的差异，古代的圣贤就是对这个最高法则觉悟最快的先觉者，因而他们的责任是觉悟其他民众。君王建立最高法则是为了给人民带来幸福，这种幸福包括寿、富、康宁、行美德、老而善终命"五福"。

其二，获得这"五福"的方法是要"心正"。如果一个人的心是光明正大的，那么他走到哪里，福就跟到哪里；如果一个人的心是邪恶晦暗的，那么他走到哪里，祸就跟到哪里。如果一个人的心是邪恶的，所做的事也是恶事，那就是逆天地鬼神而行，违逆圣贤的遗训，背叛老师君主的教导，天地鬼神不会放过他，圣贤君师也不会给予他恩泽，反将自取其辱，这是因为他自己绝灭本心。相反，如果一个人的心是正大光明的，所做的事也是善事，那就是顺天地鬼神而行，顺从圣贤之训，遵守君师教导，这样，天地鬼神就会保佑他，圣贤君师就会支持他，即便他在贫贱患难中，也会心自亨通。

第三是愚昧的人不能改过自新、远离罪恶。愚昧的人只知道贪求富贵，到处祈神拜佛以求福，可是又不知道神佛在何处，神佛怎么会将福给那些心地邪恶的人呢？所以，大家如能保全此正大光明之心，不陷于邪恶，也就是保全了中道，便能报答圣贤君师教育之恩，而永远地享受"五福"，有什么必要到别的地方求神拜佛呢？

据记载，陆九渊的讲学感人至深，当场的吏民听完后，莫不恍然大悟，也有的民众感动得声泪俱下。

二、独创教学之法

由上节看到，陆九渊的一生，主要是学术的一生、教学的一生，他在长期的教学实践中，积累了丰富的教学经验，创造了多彩的教育方法，归纳起来有"身教""点示""诱导""怀疑"等。这些教学经验和方法在今天对我们仍然很有启发。

身教重于言教。 陆九渊教学与其"心学"理念完全一致。他虽然不反对读书，但反对沉湎于书本，更反对以死读书本为教学方法。他认为要真正使人受到教育，不是知识层面的，而是心理层面的、精神层面的，而做到这点，只有通过人格去影响。用他的话讲就是"血脉上感移"。

陆九渊曾说，我教育学生，基本上是从血脉上感动他，所以学生们听得很顺耳，而且容易接受，这与那种命令式教育方法完全不同。那么，陆九渊是如何从"血脉上感移"呢？这里举个例子。

一次学生詹阜民向陆九渊请教什么是"礼"。九渊要他先谈谈对"礼"的认识，詹阜民说："礼，是人安排的。"九渊合上眼睛不说话。詹阜民只得退身回住处。

几天后，詹阜民来到陆九渊处陪坐，坐了好几个时辰，两人都默不作声。突然间，九渊起身往外走去，詹阜民随即起身，紧跟其后。走出门来，九渊冲着詹阜民微微一笑，反问道："还用安排否？"詹阜民顿时恍然有悟：原来人人心中本有"礼"！

点破开悟。 陆九渊教育学生从来不婆婆妈妈，而是简单明了，善于借助某件事、某个行为进行点化，通过这种点化启发学生悟出相关的道理。

有一次，学生刘尧夫问九渊什么是"大"。九渊反问刘尧夫："你多大年纪了？"刘尧夫回答："十七岁。"九渊再问："你为什么夜夜静坐到天明？"刘尧夫回答："我想与天地比大。"陆九渊笑着说："天地自大。你的行为是违反天意的。"刘尧夫问："为什么？"九渊问他："你能见到屈原、荀子吗？"刘尧夫顿时恍然大悟，叩谢九渊。

再如，学生邱元寿问九渊什么是尧舜。九渊问："你想做尧舜吗？"邱元寿回答："谢谢先生的教导，我想我是不可能成为尧舜的。"九渊告诉他："你错了，你刚才这句话表明你已是尧舜了。"邱元寿大悟，拜谢先生。

循循诱导。所谓"诱导法"大多是借用禅宗高僧教育弟子的方法而来，比如禅宗的"机锋""棒喝""公案""话头"等，都在陆九渊教育学生的实践中有所体现。

学者陈去华，思维敏捷，想法奇特。九渊便问他："你对《论语》中'吾与点也'一段平时的理解是怎样的？"九渊后来还问过多次，陈去华都说理解不了。这让九渊很不开心。

一天，九渊又问陈去华，陈去华还是说理会不了。九渊说："现在姑且就你以往所见所闻来说，是不是还是什么都不知晓呢？"陈去华于是说："根据我的所见所闻，子路、冉有、公西华只是事上做到，而曾皙却在心上做到。"九渊听后惊喜万分，便质问他："过去你说这个不理解、那个不知道，今天怎么又都理解、都知道了呢？"陈去华顿时大悟。

有疑才有进。陆九渊特别重视怀疑在问学中的作用，在学术研究中提倡怀疑，在教学实践中鼓励怀疑。陆九渊曾说，为学问道，有疑问、有问题才会有进步；有小的疑问便有小的进步，有大的疑问便有大的进步。

他自己就是很好的例子。他怀疑圣人的话，认为《论语》中有不少摸不着头脑的话；他怀疑经书，认为孔子删定《春秋》便有许多错误。他要求学生不要成为经书的奴隶，而要使经书为我服务，所谓"六经皆我注脚"。他告诉学生，经书不可不信，但也不可全信，因为经书是千百年来经由很多人之手传下来的，所以肯定有错讹的地方。因此，他教导学生，对待经书不可盲从相信，也不可随意采用，而要有自己的独立思考和判断。无疑，在唯圣是崇、唯经是旨的时代，陆九渊如此倡导怀疑精神是相当难能可贵的。

读得别些子。朱熹曾批评陆九渊为学不读书，只是凭空想象。陆九渊曾反驳说，他并不是不要读书，只是跟别人读书的方法不太相同而已，所谓"某何尝不读书来，只是比他人读得别些子"。那么，九渊读书法与别人相比究竟有什么独特的地方呢？

陆九渊认为，一个人读书不能没有志向，而且这个志向还要是好的志向。如果一个人读书只是为了读懂文章的大意，而没有任何志向；或者一个人读书的志向只是为了功名利禄，那么，他读书是没有任何意义的，而且，他也不可能把书读好，不可能读出成绩来。比如，一个人仅仅为了功名利禄而参加科举考试，仅仅为了科举考试而苦读经书，这种志向就是有问题的，这种读书也是不能读出精彩来的；相反，如果一个人读书是为了国家社稷，为了人民生计，那么这种读书定能读出精彩来。

陆九渊认为，每个人的读书习惯可能不同，但读书的程序应该是一样的，那就是从易到难，从简单到复杂，因为只有这样，才能步步深入，才可触类旁通。相反，如果一开始就从难处着手，那么就很难深入，最终也不能理解书中之理。所谓"读者之法，须是平平淡淡去看，仔细玩味，不可草草。所谓优而柔之，厌而饫之，自然有涣然冰释，怡然理顺底道理"。而从简单到复杂的一个具体途径，就是先参看前人的注疏和解释，借助前人的注疏和解释以理解所读之书的大义。

陆九渊认为，读书还需仔细，如镇守关津，不能放掉任何一个问题。因为只有仔细认真，只有对于一切书本进行审查鉴别，才能发现问题和提出问题，才能读到书的精髓，如果走马观花，马马虎虎，将一无所获。

陆九渊认为，在仔细认真的基础上，还要从血脉上读书。他认为，很多人读书，只满足于解释字义，不能对书的整体思想和精神进行把握。他说："今之学者读书，只是解字，更不求血脉。"而不能从血脉上去阅读、去理解，只沉溺于章句，是没有任何好处的。而所谓从血脉上读书，就要做到读书时自作主宰，通过自己的理解获得，通过自己的理解成就，通过自己的理解言说，不倚他人，更不向外追逐。

当然，从血脉上读书，并不是要求读书人死抠经籍，沉湎其中而不能自拔，这将适得其反。所以，陆九渊反对过分地强探力索，他说："学者不可用心太紧。深山有宝，无心于宝者得之。"可以想见，九渊所提倡的读书之法，是一种悠然自得的读书方式，心虽主宰，但又绝不为书所困。这是一种很高的境界。

三、槐堂起步与甬上放彩

陆九渊教学布道，取得的重要成就之一，就是培养出了众多的学者。这些学者天性各异，贡献不同，但他们都继承了陆九渊的思想，都为儒家学说发展作出了贡献。陆九渊的学生分为江西与浙东两大部分。江西部分以槐堂诸儒为代表，浙东部分则以四明诸儒为代表。

槐堂诸儒

乾道八年（1172），九渊高中进士。南宋时期，高中进士意味着朝廷将任命为官，但需等待空缺。这样，九渊回到老家金溪与几位兄长商量，在得到朝廷任命之前，居家授徒讲学。

地点就设在自家的"槐堂"。

陆九渊收徒讲学的消息一传开，四方学子纷至沓来。来"槐堂"学习者被称为"槐堂诸儒"。"槐堂诸儒"中，各人根器不同、秉性有异，成就自然也有差别。学生严松曾问九渊他最欣赏的弟子是谁，他的回答是："傅子渊居首，邓文范居次，傅季鲁、黄元吉又次之。"傅子渊就是傅梦泉，邓文范就是邓约礼，傅季鲁就是傅子云，黄元吉就是黄叔丰。另外，俞廷椿也是"槐堂诸儒"中的佼佼者。

傅梦泉，字子渊，号若水，建昌南城人（今江西南城县）。傅梦泉登淳熙二年进士，是陆九渊槐堂弟子中第一高足，九渊称他"人品甚高，非余子比也"。

傅梦泉为人机警敏悟，疏通洞达。但他为学很不安分，他曾自豪地告诉别人说，第一次见到陆九渊，就聆听了"艮背行庭"的教导。不过不久，就跑到荆州问学于张栻，之后又跑到南康问学于朱熹，这样不安于九渊之学十年，直到居住衡阳时才深信九渊之学。

有一次，傅子渊给学者讲《周易》，当他摇头晃脑地朗诵《乾》《坤》《屯》《蒙》时，听众个个露出倦态。这时候，他突然将《周易》藏入袖中，大声呵斥道，纸上的《周易》不值得讲给各位听，现在我给你们讲三圣人之易如何？听众一下子来了精神，倦容全无。

傅梦泉为官衡阳，由于他的影响和魅力，归依他的学者众多，就连太守也对他礼敬有加，处理同事关系也是游刃有余。

宁都是当时出了名的治安混乱之地，而傅梦泉主政时，关注民生、稳定社会、施于教化，不到一年的时间，风俗焕然一新。当时就有人评论他有西汉循吏之风。不过，傅梦泉学术成绩一般，著有《石鼓文集》。

邓约礼，字文范，人称直斋先生，南宋盱江（今属江西南城）人，后居临川（今江西抚州）。淳熙五年高中进士。先后在德化、温州、常德等地为官。邓约礼为官清廉，全心为民，深得民心。他曾说："某得一官，但能少济诸贫困兄弟耳。"

邓约礼在槐堂中称为斋长，地位很高，如果有学者求见陆九渊，必须先随邓约礼问学，过了他这关，才被允许进一步向陆九渊问学。陆九渊曾表扬他"学问细密"。

邓约礼曾与同门黄叔丰汇集建昌以来的进士，为他们立碑题名，并请朱熹撰文，以阐发国家所以教人取士之意，有异于以往，以警示来者。朱熹赞赏他的做法，并说"二君盖皆尝有所学，而得其所贵于己者，但推其说以告于乡之后进，使之因所感发，以求夫古人之所以教者，尽心而有得焉，则声名文字之盛，彼将有所不屑，而况不义之富贵也。"

邓约礼对陆学的最大贡献是着力构筑陆派门户，为心学宗派的树立起了一定作用。

傅子云，字季鲁，号琴山，金溪人。童年时就入陆氏之门，但由于年纪太小，先师从邓文范。象山精舍落成，九渊开讲，听众按照年龄排序，傅子云最小，自然在末席，但九渊叫人在他旁特设一席，给傅子云坐，并时不时地命令傅子云代讲。有人对九渊的做法提出疑问，九渊便告诉他们说："傅子云是天下难得的英才啊！"

九渊赴荆门为官，暂时离开象山精舍，他便将傅子云留下，并握住他的手说，书院的事情，全部托付给你了，希望你能在此继续传播我的学说。可见对傅子云非常信任。

傅子云曾经说："科举考试的得失与穷困通达没有关系，一个人的终身穷困通达与他贤不贤也没有关系。"这句话被当时的人当作名言。

傅子云曾为瓯宁主簿，判案必秉公办事，无人不心服口服。

傅子云曾作《保社议》，其中指出郑康成注《周礼》，一半是谶纬之语，一半是王莽之制，有价值的东西很少。九渊非常肯定他的这个说法。

最值得一提的是，傅子云一直努力为陆九渊力争儒学正统地位。他曾动情地说："孟氏去今千有七百余年，七篇具存，晦蚀甚矣。其间出而力扶吾道者固有其人，然至我朝伊洛诸贤而始盛，殆冲和郁蓄之久，故闲见层出者非一。惟象山先生禀特异之姿，笃信孟氏之传，虚见浮说不得以淆其真、夺其正。故推而训迪后学，大抵简易明白，开其固有，无支离缴绕之失，而有中微起痼之妙。士民会听，沉迷利欲者，惕然改图；蔽惑浮末者，翻然就实；胶溺意见者，凝然适正。莫不主于内，则知足以明，仁足以守，勇足以立。"

傅子云著有《易传》《论语集传》《中庸大学解》《童子指义》《离骚经解》等。在槐堂诸儒中算著述颇丰者。

黄叔丰，字元吉，江西金溪人。是师事九渊时间最久的学生，在九渊心目中，也是仅次于傅子渊、邓文范的优秀学生之一。

九渊知荆门军时，黄叔丰随从前往，并记下与九渊的答问，题目叫"荆州日录"。

陆九渊曾经说："黄元吉跟随我十五年，是得到我锻炼最多最深的一位学生。他开始几年向外求索，毫无收获；中间数年陷入一意见窠窟，后数年又入安乐窠窟，到最后几年才痛加锻炼，并开始自立无所依傍。"可见，这个黄叔丰完全是在陆九渊眼皮底下成长起来的。

俞廷椿，字寿翁，江西临川人，师事九渊。此人风流倜悦，志向远大。乾道八年任南安主簿，后调任怀安，曾两次任改革古代田令。从事政治具有一定的改革精神。

俞廷椿博通经术，常提出一些振聋发聩的观念，如指出："六经惟《诗》失其六，《书》逸其半，独《周礼·司空》之篇有可得言者。反覆之经，质之于《书》，验之于《王制》，皆有可以足正者。而《司空》之篇实杂出于五官之属，且因《司空》之复，而五官之讹误亦遂可以类考，诚有犁然当于人心者，盖不啻宝玉大弓之得而郓讙龟阴之归也。"他的意思是，《冬官·司空》篇并无亡佚，学者因《周礼》经、记合一而生不怿之感可以冰消了。这与郑玄的观点完全不同。

俞廷椿是陆九渊学生中一个真正富有创造性的、然而并未被九渊所重视的弟子。他著有《复古编》《北辕录》，后者已经佚失。

总之，"槐堂诸儒"对于陆学的传播、师门的确立，乃至陆九渊学术地位的提升，都产生了积极的影响。不过，"槐堂诸儒"大多学术浅疏，思想境界不高，他们都不能把握陆九渊思想的精髓，以致陆九渊自己都感到忧虑，他曾以手指心说："某有积学在此，惜未有承当者。"所以，"槐堂诸儒"对于陆学的贡献，不是在理论的阐发上，主要是在宗派的确立上。

甬上四先生

陆九渊后学，除了"槐堂诸儒"外，便是浙东的甬上四学者。甬上四学者即杨简、袁燮、舒璘、沈焕四人。黄宗羲说："陆子……其学脉流传，偏在浙东。"全祖望说："象山之门，必以甬上四先生为首。"陆九渊死后，陆学中心也从江西转移浙东，全祖望说："槐堂之学莫盛于吾甬上，而江西反不逮。"

看来，甬上四学者对于陆学的贡献远大于"槐堂诸儒"。

杨简，字敬仲，浙江慈溪人。曾筑室德润湖（慈湖）上居住，世称慈湖先生。

杨简乾道五年中进士，陆九渊乾道八年才中进士，为什么杨简成了陆九渊的学生呢？杨简父亲杨庭显与陆九渊是至交，陆九渊称杨庭显为"四明士族，躬行有闻者，公家尤盛，相养以道义"。杨庭显则对陆学推崇备至，曾将自家的藏书全部焚掉，只信"本心"。这肯定给杨简很深的影响。杨简二十一岁入太学，在太学与陆九渊五兄陆九龄相识并切磨道义。陆九龄与其弟陆九渊拥有共同学术旨趣，心学精神通过陆九龄传播，进一步灌注于杨简心中。

陆九渊获"赐同进士出身"那年，杨简与陆九渊有一场"扇讼"教学互动，最终让杨简佩服得五体投地，遂拜九渊为师。

杨简中进士后，久任地方小官，五十二岁才升到知县（乐平县）。五十四岁时为国子博士，不久，庆元学禁起，又遭远斥，以祠官家居十四年。七十岁时又出知温州，此后入京，做些无实际职责的散官，最后以耆宿大儒膺宝谟阁学士，官阶至正奉大夫，封爵为慈湖县男。谥号"文元"。

总的来讲，杨简政治上的成就不是很大，但其学术事业却很突出。他是陆门中著述最多的学生，《宋史·杨简本传》和《艺文志》共录杨简著述十二种，《慈湖县志》录有二十四种，今人张寿镛《慈湖著述考》称有三十种。现存杨简著作中最重要的当为《慈湖先生遗书》《慈湖诗传》《杨氏易传》。其中，《诗传》《易传》是杨简通过诠释儒家经典以发挥自己心学的著作，也正是通过这些著作，杨简对陆九渊"心学"的传播与发展作出了特殊的贡献。

《宋史》曾评论说："杨简之学，非世儒所能及，施诸有政，使人百世而不能忘，然虽享年，不究于用，岂不重可惜也哉！"这个评价虽然有些夸张，但也可看出杨简的学术思想还是得到了主流史家的认同。

袁燮，字和叔，浙江鄞县人，人称絜斋先生。袁燮与沈焕、杨简、舒璘等同时入太学，太学的学录是陆九渊的五兄陆九龄，他们以道义相切磨。后通过陆九龄接触陆九渊"发明本心"之说，便拜九渊为师。

袁燮淳熙八年中进士，后开始在地方和中央为官。官职先后更换十七次，最后做到通奉大夫。谥号"正献"。

袁燮一生的学术思想，除了师承陆九渊"心学"外，还有他自己的特点，就是受南宋文献派和功利派影响比较多。真德秀说："公自少有志经济之业，每谓为学当以圣贤自期，为宦当以将相自任。故其所讲明者，由体而用，莫不兼综。谓学不足以开物成务，则于儒者之职分为有缺。自六艺百家与史氏所记，莫不反复绌绎，而又求师取友，以切磋讲究之。"但其在继承陆九渊"心学"上，比杨简更为笃实："其传金溪之学较杨简为笃实。"所以可以认为，袁燮从另外一个方面即"实行"的角度扩展了陆九渊的"心学"。

袁燮著述主要有《絜斋集》《絜斋家塾书钞》《絜斋毛诗经筵讲义》《袁正献公遗文钞》等。

舒璘，字元质，浙江奉化人。舒璘在青年时期曾游太学，与杨简、袁燮、沈焕为同学。早年曾接受张栻的教导，后来与兄长舒琥、弟弟舒琪同受业于陆九渊。

乾道八年中进士，先后任信州教授、江西西路转运司干办、新安教授、平阳令、宜州通判等官职。谥号"文靖"。

舒璘家居建塾，名"广平书院"，人称广平先生。

舒璘的思想有两个特点，一个是平实，另一个是折中。说他的思想平实，就是指他将老师陆九渊的思想更加生活化。他认为"心"虽是本体，但这个本体之"心"，表现在丰裕人身上就是减少过错，表现在读书上就是积蓄德性，表现在齐家上就是和睦家庭，表现在处事上就是恰到好处。

说他的思想折中，就是指他的思想折中于朱陆。他认为朱熹是那个时代的人杰，一般人达不到朱熹的境界。如果朱熹思想与他的思想存在不合的地方，他的主张是暂且搁置，不应一棍子打死，而对于相合的地方则应当虚心学习、接受。杨简曾有这样的评价："元质于书无所不贯，尤精于毛郑诗……自磨历于晦翁、东莱、南轩及我象山之学，一以贯之。"舒璘努力于朱陆的平衡，也可看出其一番苦心。

舒璘的著述有《诗学发微》《诗礼讲解》《广平类稿》等。

沈焕，字淑晦，浙江定海人，人称定川先生。沈焕与舒璘、杨简、袁燮同为太学学友，并师事陆九渊之兄陆九龄。袁燮记述说："始与临川陆公子寿为友，一日尽舍所学以师礼事焉。"

乾道八年，沈焕中进士，后历任上虞尉、扬州教授、太学录、高邮军教授、浙东安抚司干办、婺源令、舒州通判等官职。死后被追赠朝奉大夫，赐谥号"端宪"。

沈焕虽未对陆九渊执师礼，但他的思想是典型的陆九渊"心学"的路数，认为"心"是根本。他曾说："余观人之一心，精诚所达，虽天高地厚，豚鱼细微，金石无情，有感必通。"

沈焕和舒璘一样，思想具有平实、折中的特色，他所谓的"立本"，实际上是指端正个人的道德品质修养，是平庸而非高远的。他曾说："学者工夫当自闺门始，其余皆末也。今人骤得美名，随即湮没者，由其学无本，不出于闺房用力焉，故曰工夫不实，自谓见道，只是自欺。"

沈焕对陆门以外的学派，持宽容、兼蓄的态度。他对吕祖谦、吕祖俭文献派有所接纳，对朱熹之学虽有不同见解，但也是商榷讨论的态度。朱熹曾称许沈焕"省身求善不自满足"。

总之，沈焕思想带有明显的陆学色彩，但却没有和朱、吕异门对立的痕迹。沈焕有文集五卷，但已遗佚。今留下的思想资料有南宋袁燮所辑《定川言行编》和近人张寿镛纂辑的《定川遗书》。

甬上四先生是陆九渊"心学"另一重要传承路线，这条传承路线在坚持陆氏"心学"本有内涵基础上，从不同的角度丰富和发展了陆九渊"心学"，同时主动地与其他学说特别是朱熹之学、吕祖谦之说展开互动，对陆九渊"心学"发展空间有了一定的开拓，使"心学"在浙东生根、发芽、成长，并成为明代王阳明"心学"的基因和营养。

尽管陆九渊"心学"有"槐堂诸儒"和"甬上四先生"两股重要传承队伍，但或者是因为陆学的内容天生单薄，没有给它的后学留下延伸、扩展的广阔余地；或者是因为后学不能理解陆九渊"心学"的意旨，他们甘愿流于平庸，无心于学术的创造；或者因为陆学不为当权者所喜好，陆九渊"心学"逐渐失去了他的鲜明个性特色。其发展空间越来越小，并逐渐沉寂下来，正如黄震所说："今未百年，其说已泯然无闻。"

第4章

佛教不是异端

两宋儒者，没有一个不出入佛老，陆九渊也不例外。但陆九渊对佛教的评判与其他儒家学者有很大差异，这又可说是个例外。陆九渊虽然对佛教也有批判，但不能接受佛教是异端的判断，可又主张重建与佛教可以抗衡的儒学道统。

一、随心所欲论佛法

佛教自传入中土之后，中国本土的儒家学者大都表现为喜爱和顾忌的矛盾心态。因为佛法幽深、玄妙，所以喜爱；因为佛法离家出世、破害儒家伦理，所以顾忌。有宋以来，随着佛教的纵深发展，与儒学互动、相渗的机会越来越多、程度越来越深。儒家学者在"出入佛老"的同时，对佛教的认识有了很大的提高。

自汉以后，儒学便呈日渐式微之势。儒家学者很自然地将佛教的传入与强势归于儒学的式微。比如：

欧阳修说："及三代衰，王政阙，礼义废。后二百余年而佛至乎中国。由是言之，佛所以为吾患者，乘其阙废之时而来，此其受患之本也。"

李觏说："儒失其守，教化坠于地。凡所以修身正心，养生送死，举无其柄。天下之人若饥渴之于饮食，苟得而已。当是时也，释之徒以其道鼓行之，焉往而不利？"

程颐说："儒者其卒必入异教，其志非愿也，其势自然如此。盖智穷力屈，欲休来，又知得未安稳，休不得，故见人有一道理，其势须从之。"

胡宏说："自汉以来，圣学绝灭，世衰一世……故释氏巫祝得以其说诳惑斯民，为之荐死求生、祈福免祸，天下靡然从之。"

可见，宋代儒者大都将儒学式微看作佛教在中土兴盛的原因。陆九渊的看法也不例外。他认为，佛教之所以能轻易地传入中国并最终站稳脚跟，原因只有一个，那就是孔孟之学的失传，儒家之道的式微。

由于儒学的式微，致使中国人丧失了精神支柱，缺失了慰藉心灵的思想，而佛教的因果报应学说，正可以弥补这个空隙，它能化解人们对于生死问题的疑惑，可以慰藉人们受伤的心灵，所以，天下人从四面八方纷纷拥入寺庙、皈依佛教，甚至连天下英雄豪杰的心也被佛教所俘获。在这种情形下，虽然有王通等旷世之才致力于儒、释、道三教的融合，虽然有韩愈等大儒的大力排佛，但这丝毫没有影响到佛教迅猛发展之大势。佛教由此大行其道，愈演愈烈，并最终取得了与儒学、道学鼎立天下的地位。陆九渊总结说："异端能惑人，自吾儒败绩，故能入。"

九渊的这个判断既饱含着一种深沉的忧虑，又内含着一种强烈的希望，而这种忧虑与希望实际上是一致的，那就是大儒大贤者的横空出世，因为只有这样，才可以救儒学于即倒，儒学的复兴才可期待。

朱熹常常讥讽陆九渊的学问为禅学，虽然九渊也反唇相讥，指出朱子不过是五十步笑百步。但九渊还是比较在意这个问题，他在不同场合多次声明"心学"与禅学毫无关联。

陆九渊有个学生叫曹立之，非常聪颖，而且求学问道十分用功刻苦，但不得其方，尤其缺乏主见，像棵墙头草，最后投奔到朱熹的门下。更有甚者，他竟然听信别人的唆使，指责原来的老师陆九渊的学问为禅学，甚至还宣称与九渊之学决裂。后来这个曹立之英年早逝。

陆九渊曾与另一学生李伯敏说起曹立之之事。他说，一个人不仅要知道大自然赐给了自己什么，还要懂得如何做人，这样才可以进一步做学问。因而只有那些坚持向内反思其本心的人，才不会为外在事物所约束，才不会生悦色之心，更不会被别人碎言闲语所诱使，曹立之为学正是因为无所立，人云亦云，所以常常昏蔽。

曹立之的行为理应遭到九渊的谴责，虽然九渊在这个问题上表现得宽宏大度，但很显然，九渊对曹立之将自己的学问等同为"禅"还是很忌讳的。

陆九渊的高足杨简，也被朱熹及其弟子讥为禅学。陆九渊是什么态度呢？他曾说，杨简这个人不可说他心中有禅意，只是身上有点与"禅"相关的习气罢了，用不了多长时间，便会自行消去的。

有一次，孝宗皇帝指九渊奏书中的话"自秦汉而下，无人主知道"接近禅意，九渊的反应极为激烈。他说，我不愿接受皇上的评论，我所主张的"道"与禅宗没有任何关系，我主张的"道"是百姓的日常生计，是政府的文治教化，与禅没有关联。九渊这种激动的表现，说明他于佛教、于禅宗是十分介意的。

南宋时期，仍为禅学兴盛时期，信佛之人不计其数，其中不乏九渊弟子、朋友。那么，九渊是怎样看待信佛之人的呢？

淳叟、正己二人曾求学于九渊，而且，初始到九渊处求学时，兢兢业业、勤奋好学，他们的精神都感动了乡里诸多学子。但好景不长，后来淳叟皈依了佛门，正己则嗜好才术。

陆九渊对这两个学生评论说，淳叟皈依佛门，正己嗜好才术，所学的东西虽然不同，但他们以邪为乐、以异为喜的旨趣是一样的，因而他们会对其他学生产生消极影响。特别是正己，言行之中没有任何改邪归正的迹象，尤其令人担心。不管怎么说，这两个人的行为实在是有百害而无一益。如果一定要说有一定好处，那就是他们为佛法宣传做免费广告而已。

基于这样的认识，陆九渊提醒诸学者，应该认真理会佛教，认识它的是与非，以免重蹈淳叟、正己的覆辙。

根据《年谱》记载，陆九渊游历、讲学、论学于佛寺次数不少。如三十四岁曾讲学于贵溪八石寺；三十七岁与朱熹、吕祖谦论学于鹅湖寺；五十岁入应天山，居精舍；五十一岁游翠云寺；五十三岁游资国寺。如果九渊视佛教为寇仇、为瘟疫，恐怕不会如此频繁地出入于佛教寺庙了。

有一次，陆九渊与诸位学侣登山，兴致盎然。几天后，偶然在山腰处发现一险要之地，非常适合建造"精舍"。九渊的几个学生看懂了老师的心思，便筹备一些资金在这个险要处简单地建造了一处堂室，因为这座山形看上去宛如大象，所以取名象山。九渊遂自称"象山居士"。

陆九渊曾经给"清长老"写有一封信。这封信的大意是：非常仰慕明珠庵清长老禅师的大德高风，对明珠庵因有贵人贤士的捐助而得到发展感到十分欣慰，并告诉清长老，传播佛法不需要辛苦筹划，因为处处可作道场，时时可转法轮，人人可续慧命。

允怀和尚是陆九渊父亲陆贺的好朋友，九渊少时亦受其教诲。在九渊的心目中，允怀和尚是个谨守庙规、崇敬山门的人，而且在寺庙的建设与管理方面，雷厉风行而富有成效。他甚至认为，如果俗世弟子、士大夫都能像允怀和尚这样，就没有什么事办不成了。

陆九渊游历佛教寺庙，赞赏佛教僧人，对有人资助佛教寺庙的建设感到欣慰，面对佛教，没有一丝避嫌的念头。这又展示了九渊佛教态度的另一面。

佛教进入中土之后，特别是到了宋代，改变了中国学术思想的格局，佛教与儒学、道家三分天下。陆九渊正生活在儒、道、佛三分天下的时代，那应该怎样理解、怎样面对这种状况呢？

陆九渊说，任何一种学说有"说"（理）也有"实"（事）。因此，佛家之学有其"说"也有其"实"。他认为，大凡学术可分为两个部分，一是学说的部分，一为实践的部分，因此，儒者有儒者的学说，道家有道家的学说，佛家有佛家的学说，天下学说虽然繁多，但大的学派不外这三家了。

以往不管哪种学说，都必须本于某种事实；而后来想探求某种事实的人，又必须根据相应的学说去探讨。所以，任何学者如果想探求某种事实，就必须先学习、弄清相应的学说。当然，学习、弄清某种学说，可能有所收获，也可能一无所获，这是因人而异的：有的人可能探得它的事实，有的人则仅仅探得某种学说，而始终探不到相应的事实。对于佛教，人们也常常犯类似的错误。

而就"说"与"实"而言，浅深、粗精、偏全、纯驳，都为三家所共有。因此，争论三家的同异、得失、是非，而且相互讥讽各自的优劣，实在是无知的表现，实在是太无必要。既然佛教与儒、道一样是名正言顺的学说，既然浅深、精粗、偏全、纯驳是佛教、儒学、道家身上共有的毛病，那自然不能简单地判断佛教是最有害的学说了。

陆九渊的学生刘淳叟，跟九渊学习了一段时间便学不下去了，后来弃老师而去，拜倒在禅师脚下。刘淳叟的一位周姓朋友就关切地问他，你怎么放弃圣人之道不学而参禅呢？刘淳叟回答说，比如一只手，佛教好比一把锄头，儒学好比一把斧头，虽然所把持的东西不同，但都还是用来帮助这只手。我现在要做的就是使我的手更敏捷、更有用。周姓朋友回答说，如果像你所说，那我就只能用斧头来帮助我的手，而不愿用锄头来帮助我的手了。

陆九渊听说此事后，笑笑说，刘淳叟比喻很精彩，而那个姓周的反应很敏捷，回答得也很妙。

九渊既然一方面认同佛教也可算把锄头，说明佛教在他的心中不是毫无价值的；另一方面又赞同周姓朋友的回答，说明他思想更倾向于儒学。

二、佛教乃"大偏"之学

与其他儒家学者好辩儒、佛异同的习性不同，陆九渊对此兴趣索然。他并不热衷于与他人辩论佛教的是与非，这是因为他有这样的想法：

与那些天生崇信佛教的人辩论佛教的是与非，就是明明白白地将佛教的弊端告诉他，他也不会接受，根本说服不了他，而对自己却毫无好处；与那些有独立主张却固执己见、刚愎自用的人辩论佛教的是与非，则可能无休无止地辩论下去，但永远看不到积极的结果；与那些没文化、不明事理的僧徒辩论佛教的是与非，更不会有任何结果，因为，既然这些人已削发为僧、衣着胡服了，与他们辩论佛教的是与非当然是毫无意义了；而士大夫中那些嗜好佛法的人，也只有好佛之名，趋炎附势，他们对佛教根本就不是真心喜好，自然没有必要费时费舌与他们争论。

不过，这并不意味着陆九渊置儒、佛异同于一旁，并不意味着陆九渊于佛教的不足无动于衷。在他看来，将佛教视为"大偏"之学是一点都不冤枉的。

"大偏"之学根据之一——佛教汲汲私利

陆九渊认为，儒学是崇尚道义轻视私利的，尚义轻利是儒学思想的主旨之一。

儒家以人为万物之贵之灵，与天、地并为三极，天、地、人各有自己的道，人所应该尽心者就是人道，而尽心、人道就是要理会人间的是是非非，并以积极的态度面对它、解决它。这样，儒家伦理秩序、道德教化才得以建立起来，所以，儒家思想的特质是公、是义。然而，佛教与此不同，佛家认为世界万物都是虚幻不实的，而人的生死异灭就是苦海，因而提出"六道轮回"之说，希望超脱生死。所以，佛教的特质是自私自利："释氏立教，本欲脱离生死，惟主于成其私耳，此其病根也。"

在九渊看来，佛教的私利特征，还可由佛经中所说佛法表现出来。佛家所谓"不舍一法"，可以理解为触物即是佛法，淫房酒肆即可开场说道。维摩诘居士赐食须菩提而讲法，即是典型例子。

根据《维摩诘经》记载，佛要须菩提看望维摩诘居士，但须菩提说他从前到过维摩诘家（乞食），而维摩诘却给须菩提讲了一通佛法。这些佛法包括对佛、魔不要有二心；对佛、法、僧三宝不要强分恭敬或毁谤之心，因为善恶坏好无区别；不要有取舍之义，诸法都是幻象，一切言说都是假名，一切文字都无自性。

陆九渊认为，按照维摩诘居士所讲佛法，以齐家治世为宗旨的儒家之《诗》《礼》《春秋》便被视为土苴而毫无价值。因而他批评佛家之法是只了一身之法，不是理世事之法，而儒家主张"宇宙间的事就是自己的事"，对天下事无所不管。因此，由立教动机、目标和内容看，儒学是追求公义，而佛教是追求私利。

既然儒学、佛教有公私义利之别，是如此黑白分明，所以可判佛教为"大偏"之学："故某尝谓儒为大中，释为大偏。以释与其他百家论，则百家为不及，释为过之。原其始，要其终，则私与利而已。"

陆九渊以义、利判儒、佛的做法，甚至得到了学生们的唱和："儒释之所以分，义利之所由别，剖析至精，如辨白黑。"

"大偏"之学根据之二——佛教主张出世离家

九渊认为，一种学说有了对天下关怀的"公"的观念，有了为大众谋幸福的"义"的观念，便应号召人们积极地参与社会建设、投入社会生活，儒学即是这样的学问。

《论语》讲"礼"就是规范人们的生活秩序；讲"仁"就

是要求人做有道德、有品位、有爱心的人；《孟子》讲"仁政"就是主张用良心、仁爱去建设国家、管理百姓；《大学》讲的就是内圣外王之道；《中庸》讲的是如何"修身养性、做好自己"；《礼记》讲的是如何根据"礼"来治政养民。所以说儒学是经世之学。

相反，一种学说如果厌恶现世人生，并把它当作幻妄和苦痛，从而逃匿山林，对天下事漠不关心，对民众生活质量的提升毫无责任，那就是主张出世离家。佛教就是这样的学问。

《金刚经》《楞伽经》《楞严经》等讲的是"万法皆空""物无自性""万象唯心所造"等佛理，消极地对待俗世人生，谓之出世之学。

在陆九渊看来，入世、经世、有为，是儒学的根本特征，虽然儒学也不乏无声、无臭、无方、无体之妙，但仍然以经世为事业，以济世为使命。佛教虽然说普度众生，却出家离世，完全不将经世当成一回事，它怎么可能在世地、积极地普度众生，而让众生享受尘世幸福呢？所以，虽然佛教信徒也都是人，而且亦不乏上报四恩之心，但佛教的教义教理，却并不以尽孝、践仁为目的，并不以追求现世的幸福为目的。

儒家则以存养仁义、践履仁义为乐趣，它的目标完全是让现世中的众生有吃、有穿、有房子住，让众生安居乐业。因此，可以说佛家在生死海而溺于其中，儒家在生死海而超出生死海；佛家所怜悯的对象，是指那些在生死海中挣扎的人，儒家不以此为怜悯之对象；而儒家讨厌的事情、所批评的毛病：遁世、害道，佛家却一一具备。

陆九渊说，佛教出世离家，还表现为以放弃生活、拒绝知识为志趣，诱使人们不读书、不立志、不拒邪。

他有位好友叫王顺伯，这个人非常爱好佛教，简直到了茶饭不思的程度，但王顺伯在日常生活中的行为却合理符节。这怎么解释呢？

陆九渊说，王顺伯的情况并不能说明佛教的出家离世主张是积极的。因为根据以出世为旨趣的佛教，一个人不可能有韦编三绝而称颂易学的功夫，因为佛家反对格物穷理；一个人不可能志在《春秋》，因为佛家志在山外；一个人不可能有正人心、息邪说、距诐行、放淫辞的愿望，因为佛家只慈悲为怀，而无有作为。因此，王顺伯崇信万法皆空，以行佛法、执佛礼为乐，正是与佛教离家出世之道为伍的，正是佛法指导下的行为。

"大偏"之学根据之三——佛教执着生死

陆九渊认为，儒者一生，应该是立德、立功、立言的一生，是为人民生活质量提升、为社会发展进步而不辞辛劳的一生，是轰轰烈烈而又光彩照人的一生；由此人生观而死，则为事业而死，为人民福祉而死，为理想而死，为成"仁"而死，死得其所。

与此相比，佛教的生死观是怎样的呢？陆九渊说，佛家向往涅槃、憎恨生死，恰恰是没有超脱生死，没有超出轮回。"四相"指生、死、异、灭四种"有为相"，不了"四相"便是放心不下，就是执着此四种有为相，因而是未离生死，未出轮回。"四相"中生死之相，即寿相，寿相即我相，既然以寿相为执着，因此，佛家既没有超脱生死，也没超出轮回。

佛家生死观何以如此呢？这是因为佛家以生为苦为累，才创立轮回之说，而想摆脱轮回之苦只有放弃俗世人生而躲进深山老林以修炼，因而是一种消极颓废的人生观；而憎恨世俗生死烦恼，向往彼岸涅槃世界，正说明佛家执着死、害怕死。而且，佛家还十分在意他人对佛法之态度，如果有人赞叹佛法，则喜不自禁；如果有人批判佛教，则怒不可遏。由此也可看出佛家对世俗之相的执着。所以，佛家生死观是一种羞羞答答的、执着生死的态度，它不像儒家那样坦坦荡荡、自然而然，在这种理念下努力地使人生放出光彩。

因为儒家视生死为自然，所以不会像佛教那样将心思放在"死"的研讨上，而是努力于人间世务，努力使现世人生更加多姿多彩。所以孔子说："未知生，焉知死？"可见，在儒家思想世界，生死是自然之事，儒家对于自然之生死的态度亦是"自然"，所以顺应这种自然之状而作为，才是真正应该有的生死观。

毫无疑问，陆九渊判佛教为"大偏"之学，站在儒家的立场看，他的道理、根据不可谓不充分。

既然佛教执着"私利"，遁迹山林，图一身轻便，而将"公义"放在脑后；既然佛教倡导出家离家，谋修炼自身，而将天下"公事"忘得干干净净；既然佛教爱生、怕死，追求超脱，而不能正确、积极地对待生死，不能积极地经营生活，不能乐观地丰富人生；那么，对于崇尚公义、追求外王、视生死为自然的儒学而言，佛教当然是不折不扣的"大偏"之学了。

不过，九渊之于佛教虽有批评，但总体上看，他还是非常善待佛教和禅宗的，他的这种善待是比较理性的。

三、不能判佛为异端

自从佛教进入中国之后，中国学者都将佛教视为异端。可见，佛教在中国传播的历史，在一定程度上也可看成是佛教被中国学者视为野蛮的文化代表的历史，对儒学而言，就是被视为异端的历史。

让人感到奇怪的是，在自认为是儒学正宗的陆九渊这里，我们看到了另一种态度，即佛教不是异端。那么，陆九渊判佛教不是异端的根据是什么呢？

由概念产生的时间及内涵看，"异端"不是指佛教

陆九渊认为，一种概念的产生都是有它的特定时空环境的，也就是说，概念作为一种"名"，必有其所指的特定的"实"，因而不能将特定时空环境下产生的概念称谓无限制地延推、扩展，张冠李戴。

比如"异端"这一概念，最早出自孔子之口，而孔子当时所厌恶者为"乡愿"，"乡愿"就是孔子当时所指的"异端"。而佛教晚出于这个时代，佛教作为"异端"的时空条件便不存在；既然孔子所指"异端"为"乡愿"，而佛教与"乡愿"是两种性质迥异的东西，前者为一种学说，后者为一种习俗性情，因而佛教作为"异端"的内容也不具备。因此，由"异端"所产生的时空环境和"异端"所指的内容两方面看，佛教都与"异端"无缘，所以现在的人将"异端"这顶帽子戴到佛教头上是不合适的。

由同、异互为前提之关系看，"异端"不是指佛教

陆九渊认为，相互对立的事物也是相互依赖、互为证明的。有白天，因为有黑夜；有女人，因为有男人；有长，因为有短；有大，因为有小；有异，因为有同，所谓"异字与同字

为对，有同而后有异"。因而有"同端"才有"异端"。

按照这个逻辑，尧舜以下的诸子，学习的都是尧舜之道，这就是所谓"同"；但是诸子从尧舜那里所接受和所获得的结果却因人而异，这就是"不同"，"不同"则为"异端"。

既然有"同端"才有"异端"，那么只有一同学习尧舜之道的学派可能为"异端"，可是佛教从来没有学习过尧舜之道，即没有与诸子一样"以尧舜为学习对象"的"同"，因此佛教不可能成为"异端"；既然说一同学习尧舜之道而所学端绪不同才叫"异端"，可是佛教未曾学习尧舜之道，所以亦无所谓所学端绪与尧舜之道不同，所以也不能说佛教为"异端"；既然说一同学习尧舜之道但却显露出与尧舜不同的思想苗头叫"异端"，那么孔孟也可能成为"异端"，而这是不可能的。因此，由同异互为存在前提的关系看，佛教不应被指为"异端"。

由决定"是""非"的"理"看，"异端"不能指佛教

陆九渊认为，虽然在形式上可以说"异"于"同"者为"异端"，但真正要确定一种学说为"异端"，还是要看其内容的"是"与"非"。他说，不管什么事，不管什么学说，判断它的"是"与"非"，只能以它所具有的"理"为根据，而不能以做这个事的人为根据，也不能以这种学说创立的人为根据。可是，这个"理"又是指什么？

陆九渊认为，孟子所讲的"本善之心"就是"理"，也就是恻隐、羞恶、辞让、是非之心，也就是"仁义礼智"。与这个"理"相同的称为"同端"，与这个"理"不同的称为"异端"。因此，所谓"异端"就是指不同于天之所赐予人的仁、义、礼、智之善心。

陆九渊说，如果认得天下正理（本善之心）是独一无二的，那么即便天地、鬼神、圣贤也不能违背这个"理"；如果不认得这个道理，反而私下揣着另一个"理"，那就是"异端"。这样说来，何止佛教为"异端"？而现如今穷理求道者都没达到佛教、老学的水平，如果不懂佛老却借佛老为说，那只能是胡说八道，如果不了解佛老而批判、排斥佛老，那更是荒唐。所以，那种喜好谈学问却无师承，或者有师承却师承不正的人，才是有害圣道的"异端"。

即便佛教是"异端"，也不能视为必须消灭的敌人

陆九渊说，"异端"既然只是作为"同端"对应的一个范畴看，因而不应被复杂化为一种学说上的敌人，更不要执着"异端"之名而无休无止地加以攻击。因为天下之理，简易明白，根本犯不着在那些"本不足为道"的问题上花费工夫、消磨时间。

"天下之理，将从其简且易者而学之乎？将欲其繁且难者而学之乎？若繁且难者果足以为道，劳苦而为之可也，其实本不足以为道，学者何苦于繁难之说。简且易者，又易知易从，又信足以为道，学者何惮而不为简易之从乎？"既然"异端"不过是"同端"的对应者；既然"异端"问题是一个"本不足以为道"的繁难之题，那么有什么排斥的必要呢？

所以，陆九渊认为，关键不在排斥异端，而在辨同异。正如他的学生傅子云说："世排异端，惟名是泥，而吾先生，即同辨异。"在这里，"异端"只是与"同端"相对的方面，是两端的任何一方。一方为同，另一方则为异；反之，亦然。故"异端"没有学术上的敌对紧张，故要知"异端"，先须认识

"同端"，而即便佛教算是"异端"，也只是"异端"而已，并不是非消灭不可的死敌。"异端"在此被确定为逻辑学上的范畴，而不是性质上的范畴，因而在性质层面攻击"异端"是毫无意义的。

总之，陆九渊是反对笼统地判佛教为"异端"的，他提出的理由也非常清楚明白：

第一，无论是从"异端"概念产生的时空环境、内涵上看，还是从"同、异互为前提之关系"上看，佛教都算不上"异端"。

第二，从是、非之"理"的角度看，佛教虽有"异端"的特征，但也不能称佛教为"异端"，因为佛教也好，儒学也好，是否异端，只看其"理"如何，不看其人其名是谁。

第三，值得注意的是，与同时代儒家学者不同的是，陆九渊所竭力批判的，被其所指为"异端"者，主要不是佛教，也不是老学，而是时之陋习。正如他的学生所说，"孟子辟杨墨，韩子辟佛老，陆先生辟时文"。

至此我们可以说，陆九渊对佛教的态度总体上是友好的、热情的，但他也毫不留情地批评了佛教的不足。这种矛盾现象也表现在他的"心学"体系中，他大量地吸收了佛教的思维方法和表述方式，但对于佛教的出家离世、万法皆空等观念却给予了批评。

四、"儒体佛用"之佛教观

陆九渊关于佛教的认知、理解和评价，不仅范围广阔，且识见深刻，让我们进一步贴近了他本人，贴近他真正的佛教态度。让我们得以修正那些与陆九渊思想原貌相悖的结论。

陆九渊的家学背景与启蒙教育，就佛禅关系而言，与朱熹相差是不大的，而在思想内容上，朱熹受佛禅影响不比九渊小。然而，在朱熹及其弟子的眼中，九渊之学就是禅学。朱子曾说："陆子静之学，自是胸中无奈许多禅何。"朱熹弟子陈建也附和道："夫佛学近似感人，其为蛊已非一日。有宋象山陆氏者出，假其似以乱吾儒之真，援儒言以掩佛学之实，于是改头换面，阳儒阴释之蛊炽矣。"

不过，象山也不甘示弱，反问朱子："尊兄两下说无说有，不知漏泄得多少。如所谓太极真体不传之秘，无物之前，阴阳之外，不属有无，不落方体，迥幽常情，超出方外等语，莫是曾学禅宗所得如此？"

由朱、陆的互责，我们只能感受到他们的门户意识，而无助于对九渊心学与佛禅关系的把握。陆九渊关于佛教的认知、理解和评价之情形，为我们提供了可靠的信息：

九渊判佛教为私为利，私利乃儒家所反对者；

九渊判佛家生死观是执着生死，儒学则视生死为自然；

九渊批评佛教出世主张，因为出世在儒家看来是逃避责任，是对儒家伦理的背离；

九渊批评佛学言道教人的方式，指其为"邪遁诐淫"，这是孟子批评杨墨的手法；

九渊言杨简之学有禅的气息而非禅，为弟子杨简辩护；

九渊恨他人言己学为禅，竭力申辩，以显示自己学说的儒学性质；

九渊批判佛家之学为"大偏"之学；

……

这些信息足以说明，陆九渊与佛教禅学始终保持着明显的距离，说明陆九渊对佛禅的思想并不存在全部接受或全部肯定之情形。

不过，陆九渊关于佛教的认知、理解和评价之情形，也为我们提供了另一方面的信息：

九渊力辩异端非指佛教，而其所辟者为"时文"，为"闲言碎语"；

九渊认同佛教乃天下三大学问之一；

九渊承认佛教可为"明手之锄头"；

九渊否定"佛教害道"之片面观点；

九渊对佛家批判现世之病行为的肯定；

九渊对禅学教人方法的移用而自觉得意；

九渊与高僧的亲密往来和对高僧的褒奖；

九渊自称居士；

……

这些信息又足以说明，九渊对佛禅思想也不存在全盘否定，说明九渊与佛教禅学有较密切的关系。可见，九渊心学既不能简单地被斥为禅，也不能说与禅毫无关系。

正如王宗沐认为，禅学自私为己，绝人伦类，故为异端，不过佛教教义教理，也不乏其合理有价值者，并非专以言空为事。九渊所教人者，乃孔子所曾肯定者；而世人指九渊之学为空者，又是佛教本来所无者。因此，言九渊之学有不足之处当可接受，而等之于禅，则与事实不符。所以，通过九渊关于佛教的认识、理解和评价的考察，我们所获得九渊之学与佛禅思想的关系的结论是：第一，九渊学与佛教禅学有十分密切的关系，但不能斥之为禅。第二，在社会、治世、伦理、生死等问题上，九渊对佛教倾向于否定，在学问类型、境界、名词、概念等方面则倾向于肯定。崔大华先生曾说："在陆九渊的心学中，佛教禅宗思想只是作为理论背景而有所映照，不是作为思想渊源而得到再现的。即陆九渊心学虽然援用了某些佛家名词、概念，反映佛家思想渗透到儒家思想中来的宋代思潮的一般特征，但其理论核心、宗旨，乃至主要论题，都不是承继着禅宗，而是发展了孟子。"第三，儒学从来就是九渊学的核心、中心，是体；佛禅从来是象山学的外壳，是用。所谓"道之不明不行，佛老之徒遍天下，其说皆足以动人，士大夫鲜不溺焉"。明"道"，正是要明儒家之"道"。因此，我们比较倾向于以"儒体佛用"概括九渊之学与佛禅的关系，而非"阳儒阴释"。

九渊虽然读过佛教主要经典，也不乏睿智卓识，但九渊对佛教的认识、理解和评价并不都是很符合佛教实际情况的，有许多欠缺之处。

比如，认为佛教特征为私为利的观点就有值得商榷之处。按照儒家的立场，只有积极参与世俗社会的修、齐、治、平，只有立功、立德、立言，才是公，才是义。但九渊不知道：第一，佛教之所以主张僧徒走出家门，远离尘世，遁迹深山，静养寺庙，乃在于悲厌尘世之苦，换句话说，佛家所有言论行为出自佛家对尘世现象的认识，是一种生命观使然，因感受尘世生活之累、之苦，进而升华到"万法皆空"的识境，最后才有弃世出家之行为，所以，私、利非佛家之根源性特征。第二，佛家虽然远离俗世，放弃了对俗世的责任，但佛教慈悲为怀，普度众生，"一僧不成佛，我誓不成佛"，以及到处宣扬仁爱和平之道的行为，也不能以利、私简单概括之。

又如，关于对佛家生死观的批判。九渊以为佛教憎生死正是未超脱生死，是对生死的执着，这种批判显示了九渊的思辨深度和学识功夫，而且佛家生死观与儒家生死观确是大异其趣。然而，佛教生死观并非无教于人者，佛家言生死皆幻、皆空，从而要求人们不要执着生死，而应在轮回中升华自我，为善者有善报，今生不报，来生必报；为恶者有恶报，今生不报，来生必报。所以，佛教生死观中，一方面有净化心灵的价值，另一方面有教化人性之价值，不能简单地斥之为粗鄙的生死之处理态度。

最后，对佛教禅宗语言的批判。禅宗语言虽然与常识常理颇有违逆，且为脑力一般人难以领悟，但佛禅语言无论在结构、技巧、风格、寓意上，皆有独到之处，是一笔丰富的语言财富，并非简单地斥之为邪、诐、遁、淫即可了事。

因此总体上看，九渊对佛教、对禅宗的认知和理解仍然处于一个较低的层面，从而妨碍了他对佛教禅学的判断和评价的完整性、完善性。

第 5 章

朱陆之争

在中国哲学思想史上，真正面对面而又影响深远的学术争论，莫过于南宋时期的陆九渊与朱熹之间的争论。虽然九渊与朱子的争论存在这样那样的不足，但它不仅在争论的形式上为后人树立了榜样，而且在争论内容上也为后人留下了宝贵的财富。

一、无极而太极

周敦颐曾提出一命题，叫作"无极而太极"。完整的文字表述是这样的："无极而太极。太极动而生阳，动极而静；静而生阴，静极复动。一动一静，互为其根；分阴分阳，两仪立焉。阳变阴合，而生水、火、木、金、土。五气顺布，四时行焉。五行，一阴阳也；阴阳，一太极也；太极，本无极也。"（《太极图说》）

这段话的意思就是讲宇宙的生成过程从"无极"开始，又到"无极"结束，其中涉及无极、太极、阴阳、五行、四时等范畴；因为"无极"代表"无""太极"代表"有"，也就是说，"无极与太极"作为宇宙万物的本体，是"有"和"无"的统一，这又涉及思维方法。

让周敦颐没有想到的是，这个命题提出后，在宋代儒学史上掀起了巨大波澜。这就是南宋儒学界双峰——朱熹与陆九渊为这个命题展开了旷日持久的争论。

淳熙十三年（1186），陆九韶写信给朱熹，讨论到周敦颐的《太极图说》。陆九韶的观点是，"太极"之上加"无极"属多余，认为"无极"二字放在"太极"之前的做法明显是与孔子思想不符的，而且，"太极"上加"无极"也不是周敦颐本人的说法。

朱熹则认为，虽然孔子不说"无极"，但周敦颐说"无极"，并且，如果说"无极"有助于见得"太极"的真实本体，因此，不说"无极"固然不为少，但说了"无极"不为多，"太极"之上加上"无极"有什么不可以呢？由于无法说服朱熹，陆九韶感到这样争论下去毫无意义，也就没有再继续。

不过，素来喜好辩论的陆九渊接过其兄陆九韶的棒，与朱熹继续讨论这个问题。他们的争论大致可分如下几个方面。

首先，关于"无极"的出身。所谓"出身"，就是讲"无极"出自哪个学派。在宋代，佛教、老学仍是被看成"异端"的，所以，学者做学问都很谨慎，一般都尽可能地远离佛教、老学。陆九渊继承了他哥哥陆九韶的观点，明确告诉朱熹，周敦颐的"无极而太极"之"无极"出自老学。

朱熹则认为，"无极"只是用来形容"太极"之妙，没有什么过错。但九渊不这样看。他认为，如果说"无极"是用来形容"太极"无方所、无形状，那么在儒家经书中随便可以找到合适的词汇，而无须用"无极"二字。比如，《诗经》中的

"上天之载"可以形容"太极"之上，"无声无臭"可以形容"太极"之下，怎么可以用"无极"加在"太极"之前呢？而直接将"无"字放在"有"字前面，以"无"作为天地万物的开端和本原，不正是老子之学的做法吗？

除了这样的义理解释之外，陆九渊还从文献上说明"无极"来自老学。他说，朱震曾经说过，周敦颐的太极图是从穆伯长那里得到的，而穆伯长又是从道士陈抟那里学来的。所以说，周敦颐的"无极"，显然来自老子之学。

另外，就"无极"二字来看，先秦典籍中，只有《老子》中有，儒家经书中不曾发现。《老子》第一章所说"无名天地之始，有名万物之母"，即是老学的宗旨，而"无极而太极"与此宗旨完全一致，所以，"无极"出自老学是毫无疑义的。而老学正是蔽于此不能明儒家之"理"。

值得关注的是，陆九渊还根据伊洛诸公不言"无极"来驳斥朱熹。九渊说，周敦颐的《通书》"中焉止矣"的话，与所谓"无极而太极"存在明显的差别，《太极图说》用"无极"二字开头，但《通书》全篇中找不到"无极"二字；另外，朱熹所推崇的二程兄弟，他们的著作虽多，可也不曾涉及"无极"二字。假使周、程当初都有认真使用"无极"的想法，为什么后来为文讲说中从不涉及"无极"二字呢？足以说明他们并不以用"无极"二字作为"道"进步的标志。

陆九渊由此质问朱熹：你为学思索精密、用力极深，难道连这么明显的问题都认识不到吗？据相关文献显示，朱熹自始至终没有对这个问题给予回应。

其次，关于"太极"的性质。朱熹没有回应"无极"的老学出身，但他仍然肯定"无极"放在"太极"之上的价值。他在跟陆九韶辩论时曾说过，作为宇宙万物的本体，如果不讲

"无极"，则可能会使很多人误认为"太极"就是一个具体的事物，"太极"不足以成为宇宙千变万化的根本；如果不讲"太极"，则又可使很多人误认为"无极"就是空寂无物，"太极"就不能成为宇宙千变万化的根本。

对于朱熹的说法，九渊给予了回应。他认为，圣人发明"太极"这个范畴，本来就是"理"，不是从"空寂"的角度来说的。"太极"作为宇宙千变万化的根本，本来就是内在规定，它是不是、能不能成为宇宙万物千变万化的根本，并不会因为人说或不说而发生变化。比如，《易大传》说"易有太极"，现在却有人说"无"，是什么道理呢？作《易大传》时圣人不说"无极"，"太极"什么时候等同过具体的事物，而不足以成为宇宙千变万化的根本呢？又如，作《洪范》时圣人将"五皇极"列在九畴之中，也不说"无极"，人们也没有将"太极"等同于具体的事物，"太极"仍然是宇宙万化根本啊！这说明，"太极"本来就满足作为宇宙万化本体的条件，并不需要外加给它什么！

针对朱熹讲"周敦颐恐学者错认太极别为一物，所以用'无极'二字以明之"的话，陆九渊辩驳说，《易大传》中说"形而上者谓之道"，又说"一阴一阳之谓道"，这就是说"一阴一阳"已是形而上者，既然"一阴一阳"都是形而上者，"太极"当然是形而上者。这是普通人都明白的道理啊！自从有了《易大传》至今，还没有听说过有人误认"太极"为一具体事物的例子。

对于朱熹"周敦颐用'无极'表明他略见道体"的说法，陆九渊尤其不能认同。在陆九渊看来，"无极而太极"的"极"不能用"形"来解释，而应该解释为"中"。所以"无极"就等于说"无中"，而儒家思想中，"中"是天下的大本，怎么可能"无中"呢？

此外，"极"就是"理"，"中"也是"理"。《洪范》九畴之中的"皇极"，不就是用"中"命名的吗？而《诗经》说"立我蒸民，莫匪尔极"，不也是以"中"命名的吗？总的来讲，在儒家思想中，老百姓正是受天地之"中"而有生命的。所以，"太极""皇极"都是实字，它们所指的实遍布宇宙，都是这个"理"，这个"理"通透活泼，怎么可能拘于字义而作牵强附会的解释呢？换句话说，怎么可能因为用了"无极"这个词而说周敦颐见得"道体"了呢？

所以九渊讽刺朱熹说，你老兄作文章句句论证、字字斟酌有很长时间了，按道理应该更加熟练更加细密，立言也应更加精确，能帮助人们释疑辨惑，可不曾想到，老兄的论说反而空疏支离得如此严重，以致说来说去，反而使人更加糊涂，真让人遗憾啊！

其三，关于阴阳是形上还是形下。 在关于"无极而太极"的争论中，陆九渊还提出了阴阳为形而上之道的思想。朱熹的观点是，凡是有形象的事物都是"器"，而形象之所以成为形象事物的原理，就是"道"，所以，晦明、上下、进退、往来等都属于"器"，而它们所以成为器的理才是"道"。

对于朱熹的这种说法，陆九渊是不同意的。他认为，《易》之阐述的"道"，就是一阴一阳而已，换言之，一阴一阳就是"道"，而先后、始终、动静、晦明、上下、进退、往来、合辟、盈虚、消长、尊卑、贵贱、表里、向背、顺逆、存亡、得丧、出入、行藏，哪一项不是一阴一阳呢？它们呈现出奇偶相循、变化无穷的景象，所以说，《易》道是恒变的、普遍的、无常的。

朱熹认为形而上者才是"道"，九渊认为形而下者才是

"道"，孰是孰非呢？

在朱熹的哲学中，理、气是一对相对完整的范畴，并通过对它们关系的解释，说明宇宙人伦社会中的事象。朱熹认为，"理"是宇宙万物的本体，是它们存在的根据，"气"是构成宇宙万物存在的材料，所以"理"是形而上者，"气"是形而下者。"气"即阴阳二气，是生物之具，所以是形而下者。

但在陆九渊看来，《易》说得很明白，一阴一阳之谓道，而所谓一阴一阳，就是宇宙间所有对立的现象，所以阴阳自然是"道"，是形而上者。

不难看出，朱熹讲阴阳是形而下者，就是把阴阳等同于"气"，而九渊讲阴阳是形而上者，就是把"一阴一阳"等同于"道"。所以，问题在于"阴阳"与"一阴一阳"的差别。九渊不是说阴阳就是"道"，而是讲"一阴一阳"是"道"，他所举的例子也都是一对对矛盾范畴，换言之，九渊并不是将具体的"气"视为"道"，而是将事物矛盾对立及其互动视为"道"。这就是他与朱熹的差别所在。

以上就是陆九渊与朱熹关于"无极而太极"争论的大体情形，反映的是二者对宇宙万物本体的看法。

陆九渊通过与朱熹的争论，认为朱熹根本就没有理解儒家"太极"的真义，所以讲朱熹的主张是在一栋房屋顶上再架一栋房屋，在一张床底下再加一张床，纯粹是多余累赘。而朱熹到最后也心灰意懒，对陆九渊说："无复可望于必同也。"即明确表示二人完全可以存异而不必强求一致，陆九渊此后也未回函再作辩论。

这样，旷日持久的陆九渊、朱熹关于"无极而太极"的论辩便告结束。不过，这场由对周敦颐《太极图说》的理解和诠释而引发的论争，虽然没有谁说服谁，还是具有重大学术意义的。

首先，这场争论使陆九渊与朱熹将各自的本体观显露出来，并由此暴露了他们本体论的特点，即陆九渊比较轻视思辨，而朱熹对于思辨有着浓厚的兴趣。

其次，这场争论也使得陆九渊与朱熹对于经典的态度显露出来。陆九渊对于经典比较谨慎，反对对经典或先儒思想的随意改变，而朱熹在这方面则表现得比较机动灵活。在他看来，不管什么范畴、概念，只要它的使用对于所要表达的思想有帮助，就无须回避。

可见，"无极而太极"的争论不仅反映了陆九渊与朱熹本体论的诸多不同，也反映了他们学术观的差异。

二、鹅湖之会

12 世纪后期，南宋学术界有所谓"东南三贤"，这"三贤"就是指福建的朱熹、湖南的张栻、浙江的吕祖谦。其中以朱熹声望最高。不过与此同时，浙江以陈亮为代表的"事功学派"和以陆九韶、陆九龄、陆九渊三兄弟为代表的江西之学，也异军突起，开始在学术界、社会上产生影响。特别需要指出的是，这两派的思想倾向与朱熹的思想主张存在很大差距，引起了朱熹、吕祖谦等人的关注。

朱熹曾在给吕祖谦的信中说："陆子寿闻其名甚久，恨未识之。"又在给吕祖谦的弟弟吕祖俭的信中说："陆子静之贤，闻之盖久。然似闻有脱略文字直趋本根之意，不知其与中庸学问思辨然后笃行之旨不如何耳？"

而在吕祖谦方面，陆九渊的科举成功正是通过吕祖谦之手获得的，吕可算是陆的恩师。吕祖谦曾在给陈亮的信中说："此月旦日自三衢归，陆子静相待累日，又留七八日，昨日始行，笃实淳直，朋友间未易多得。"吕祖谦还曾在给朱熹的信中提到，"抚州人士陆九龄子寿，笃实好友，兄弟皆有立，旧所学稍偏。近过此相举累日，亦甚有问道四方之意。"

吕祖谦一方面是陆九渊的老师，与陆氏兄弟关系密切，另一方面与朱熹来往频繁，又是好友。可以想见，在吕祖谦的心中，朱熹与陆氏兄弟在学问上的异同已了然于心。用当时一种说法就是"伯恭（吕祖谦）盖虑朱与陆犹有异同，欲会归于一而定其适从"。

这些文献所提供的信息是，朱熹、陆九渊展开学术切磋的气候已经形成，而其中的关键人物是吕祖谦。

淳熙二年（1175）六月，在吕祖谦的组织协调下，朱熹领着一帮师友、门生从福建来到江西铅山的鹅湖寺，主要人员有何叔京、詹仪之、蔡季通、蔡元定等；陆九渊、陆九龄兄弟也领着一帮师友、门生从金溪来到鹅湖寺，主要人员有朱亨道、邹斌、傅一飞等；吕祖谦则领着一帮师友、门生从浙江来到鹅湖寺，主要人员有赵景明、赵景昭、潘叔昌、范伯崇、张元善等。此外还有福建、浙江、江西的某些官员和学者列席。

参加者个个摩拳擦掌、兴致高昂，对当时理学泰斗朱熹与正冉冉升起的新星陆九渊的会讲充满期待。这就是中国哲学史上著名的"鹅湖之会"。

在出发前，陆九龄就跟诸位兄弟说，这次铅山鹅湖寺会讲，吕伯恭先生的目的是协调我们与朱熹学术的异同，如果我们兄弟之间的学术观点差别都很大，怎么可能指望鹅湖会讲上达成相同的意见呢？

于是陆氏兄弟先来个自我协调。陆九渊先向诸位兄长阐述了自己的"心学"思想，并批评朱熹之学支离破碎。他的观点也得到了五兄九龄的肯定。第二天一早，陆九龄跟诸兄弟说：昨晚一直在思考，觉得九渊的观点的确在理。随后我写了一首诗，不妨念给你们听听，请提出批评意见。诗曰：

> 孩提知爱长知钦，
> 古圣相传只此心。
> 大抵有基方筑室，
> 未闻无址忽成岑。
> 留情传注翻蓁塞，
> 着意精微转陆沉。
> 珍重友朋相切琢，
> 须知至乐在于今。

这首诗的大意是，"仁心"是每个人先天具有的善德，古代圣人为学作文不过是为传承这个"仁心"；要建筑高楼大厦，首先必须将地基打好，从来没有听说过没有累土的情况下可以筑起大山，为学做人的道理也是如此，不一点点积累知识，怎么可能成就大的学问呢？不一点点积累德行，怎么可能成就优秀的人格呢？过多地沉迷在经书之中，就好比掉进了荆棘丛生的山地，是难以自拔的啊！今天我们非常幸运地相聚在一起，切磋学问，还望大家珍惜彼此间的友谊！

这首诗既表达了他的核心思想，又照顾到各方的情绪，虽有批评，但比较平和。不过，陆九渊听后并不满意，特别指出诗中第二句不够妥帖。但陆九渊也没有立即提出修改意见，他表示在前往鹅湖寺的旅途上写一首附和陆九龄的诗。

六月初，各路英才相聚到铅山鹅湖寺。一日，大家端坐在鹅湖寺大堂期待着会讲的开始。不一会儿，坐在中央的主持人吕祖谦正式宣布会讲开始。他先询问陆氏兄弟：子寿兄弟，多日不见，敢问近日可有新的见解赐教?

陆九龄也没有过多客套，他告诉诸位在座的朋友，近来并无什么新的见识，很是惭愧。不过，因为赶往这里与各位高人相会，有点感想，写有一首诗，今天不揣谫陋，拿出来请各位贤智批评。随后，他把已经写好给九渊等看过的那首诗读了一遍。

朱熹边听边摇晃着脑袋，等陆九龄念完便跟身边的吕祖谦说，子寿早已上子静的船了，他们兄弟看来已是不分你我。但我认为，为学的目标是求理，而穷理之法在于读书，读书则应循序渐进，不能像佛教禅宗那样顿悟一切。说着，转身询问一直默默不语的陆九渊，他说的是否在理。

陆九渊终于有机会讲话了。他先向各位师友行了礼，然后说，我认为为学的方法在于辨志明心。在前往鹅湖寺的旅途上，为了附和子寿兄的诗作，我也写有一首诗，不妨借这个机会念给各位师友听听:

> 墟墓兴哀宗庙钦，
> 斯人千古不磨心。
> 涓流滴到沧溟水，
> 拳石崇成泰华岑。
> 易简工夫终久大，
> 支离事业竟浮沉。
> 欲知自下升高处，
> 真伪先须辨只今。

这首诗的大意是，见到坟墓便会产生哀思之情，进到宗庙便会产生崇敬之意，这是每个人先天具有的永恒不灭的"心"。汪洋大海是由小小的泉流汇集而成的，高大的山峦是由细小的石块堆砌而成的，为学、做人又何尝不是如此呢? 简易的为学工夫最终会成就大的气象，而支离烦琐的注释却难以成就一事。因此，如果想知道一种学问是怎样由低的境界升到高的境界的办法，只要从我们眼前的事象进行辨别就可以知其真假、优劣了。

陆九渊诗中"易简工夫终久大，支离事业竟浮沉"，完全是针对朱熹学问而言的。

面对这样的讥讽，朱熹当然不高兴了。据文献记载，当时朱熹的表情"失声""大不怿"。看到会讲的场面尴尬起来，吕祖谦只好宣布暂时休会，各自回房休息。

第二天，吕祖谦与朱熹商讨出了"数十折议论"来。其中有讨论"金溪二陆的诗""九卦之序""为学之方""尊德性、道问学之争"等。但在针锋相对的讨论中，陆氏兄弟都占了上风。

对于朱熹而言，这次会讲或许可以说是件不愉快的经历。三年后，值陆九龄拜访他之际，他曾写诗回击陆九渊兄弟。其诗曰：

> 德义风流夙所钦，
> 别离三载更关心。
> 偶扶藜杖出寒谷，
> 又枉蓝舆度远岑。
> 旧学商量加邃密，
> 新知培养转深沉。
> 只愁说到无言处，
> 不信人间有古今。

这首诗大意是：你们（陆氏兄弟）的德义风流我一向很是钦佩，相别三年之后，我一直关注你们的道德文章；我潜居于这个偏僻的地方，偶尔才扶着藜杖出入寒谷，所以，你们能乘坐着竹轿远度群山来到这儿赐教，我感到非常荣幸；一般而言，古老的学问经过切磋探究会变得更加邃密，新的知识经过培养提炼则会愈发深沉；不过，最令我担心的是：只要说到无以言表的最高境界，你们却不相信人间有古今啊！

可见，鹅湖会讲之后，朱熹一直"惦记"着陆九渊兄弟，这次总算是痛痛快快地回击了一下。那么，鹅湖之会究竟表现了陆九渊与朱熹哪方面的差异呢？

从朱熹来讲，他主张"格物致知"，认为对事物的认识首先需要接触，其次要有步骤和程序，只有"今日格一物，明日格一物"，才能获得真正的知识。这个思想，朱熹在《大学章句·格物致知补传》里有很详细的论述：所谓致知在格物者，言欲致吾之知，在即物而穷其理也。盖人心之灵，莫不有知，而天下之物，莫不有理。惟于理有未穷，故其知有不尽也。是以大学始教，必使学者即凡天下之物，莫不因其已知之理而益穷之，以求至乎其极。至于用力之久，而一旦豁然贯通焉，则众物之表里精粗无不到，而吾心之全体大用无不明矣，此谓格物，此谓知之至。

所以在对待经典、书籍方面，朱熹的态度也是很谦虚的，提倡博览群书、穷索经典，认为只有通过"道问学"才能获得真知、才能提升品德。

而陆九渊的主张完全相反，他认为认识事物、获得真知，应该"先立其大"，确立自古以来从古代圣人那里传下来的"心"，因为"心生万物""心即理"，所以，认识事物就无须一件一件来"格"，每个人只要能从他的自然本心出发，根本就不需要每件事物都去接触，根本就不需要向外求索。

而在对待经典、书籍方面，陆九渊强调，穷索经典、沉湎于经书之中，不但不能帮助人提高修养，反而会使人误入迷途，因此他主张发明本心，收拾精神，挺立自己的善性，就可以达到圣贤之境界。这就是所谓"尊德性"。

正如陆九渊的弟子朱亨道说："鹅湖之会，论及教人。元晦之意，欲令人泛观博览，而后归之约。二陆之意，欲先发明人之本心，而后使之博览。朱以陆之教人为太简，陆以朱之教人为支离。此颇不合。先生更欲与元晦辩，以为尧舜之前，何书可读？复斋止之。"

鹅湖会讲，各人感受不一，各方评论也不一。虽然吕祖谦希望化异为同，没想到，"同"没有达到，反增更大的"异"。虽然吕祖谦对陆九渊的学问非常赞赏，但他的基本立场还是倾向朱熹的。他曾说："某留建宁凡两月余，复同朱元晦至鹅湖，与二陆及刘子澄诸公相聚切磋，甚觉有益。元晦英迈刚明，而工夫就实入细，殊未可量；子静亦坚实有力，但欠开阔耳。"吕祖谦的这种感受，隐隐透露出赞同朱熹的信息。

后来他又说："某自春末为建宁之行，与朱元晦相聚四十余日。复同至鹅湖，二陆及子澄诸兄皆集，甚有讲诲之意。讲贯诵绎乃百代为学通法。学者缘此支离泛滥，自是人病，非是法病。见此而欲尽废之，正是因噎废食。然学者苟能徒言其非，而未能反己就实，悠悠汩汩，无所底止，是又适所以坚彼之自信也。"

很明显，文中的"讲贯诵绎乃百代为学通法""因噎废食""徒言其非，而未能反己就实"等，都是对陆九渊的批评。

陆九渊学生朱亨道的感受是："鹅湖讲道切诚，当今盛事。伯恭盖虑陆与朱议论犹有异同，欲会归于一，而定其所适从，其意甚善。伯恭盖有志于此语，自得则未也。"也就是说，鹅湖会讲并没有达到吕祖谦去异存同的目的。

明儒黄宗羲在他的《宋元学案》中也有评论。比如他谈到陆九渊与朱熹的差异时说："先生（陆九渊）之学，以尊德性为宗，谓'先立乎其大者，而后天之所以与我者不为小者所夺。夫苟本体不明而徒致功于外索，是无源之水也'。同时紫阳（朱熹）之学，则以道问学为主，谓'格物穷理，乃吾人入圣之阶梯。夫苟信心自是，而惟从事于覃思，是师心之用也'。"这个评论还是平实、中肯的。

不过，黄宗羲也认为，陆九渊与朱熹的"同"也是值得关注的。他说："（朱陆）二先生同植纲常，同扶名教，同宗孔、孟，即使意见终于不合，亦不过仁者见仁、智者见智。所谓学焉而得其性之所近，原无有背于圣人。"他的儿子黄百家对这个意思说得更为明白："二先生之立教不同，然如诏入室者，虽东西异户，及至室中，则一也。"虽然说陆九渊与朱熹在为学方法上争得不可开交，甚至有伤和气，但谁能否认陆九渊与朱熹的目标同是为了复兴圣人之学，同是为了南宋社会的稳定发展呢？所以，黄宗羲父子这个评论也是在情理之中的。

不管怎么说，鹅湖之会的意义是重大而深远的。从学术活动本身看，在中国学术思想史上，虽然不乏争论与批判的事件，比如孟子对杨朱、墨学的批判，汉唐时期儒、道、佛三家的争论与相互批评，但在形式上都不如鹅湖会讲这么纯粹——都是学者身份，而且争论得激烈而可爱；这么公平——来到第三地（江西铅山离朱、陆、吕三人住地大致相近）；这么自由——陆九渊算晚辈，但可自由发表观点，而在内容上又是完全的学术化（为学方法、修养方法）。所以，完全可以说，鹅湖之会留给中国学术上的遗产是非常珍贵的，也是很值得挖掘的。

陆九渊与朱熹通过讨论，凸显了各自为学的方法及其差异，从而也凸显了各自的态度，这对于两位著名学者认识对方及认识自己，从而完善自己的学问都起到了积极作用。

朱熹曾说："如今看道理未精进，便须于尊德性上用功；于德性上有不足处，便须于讲学上用功。二者须相趋逼，庶得互相振策出来。若能德性常尊，便恁地广大，便恁地光辉，于讲学上须更精密，见处须更分晓。若能常讲学，于本原处又须好。觉得年来朋友于讲学上却说较多，于尊德性上说较少，所以讲学处不甚明了。"不过，陆九渊似乎不买账，他说："朱元晦欲去两短合两长，然吾以为不可，既不知尊德性，焉有所谓道问学？"

从对儒学的影响看，鹅湖之会上争论的核心问题是为学方法问题。一为格物致知、道问学，一为立大体、尊德性。这个问题来自先秦儒家。在《大学》中，就已提出"格物致知"的为学方法，而在《孟子》中就已提出立"大体"的修养方法，主张反身而诚，尽心尽性，是谓"尊德性"。鹅湖会上，陆九渊力主"尊德性"之方法，反对博览群经的支离方法，并对"尊德性"的内涵及价值进行阐发；朱熹则力主"道问学"的方法，主张格物穷理，穷索经书，积累知识，并对"道问学"的内涵及意义进行了广泛而深入的论证，因此可以说，鹅湖之会对继承、发展儒学的为学方法、修养方法，是发挥了积极作用的。

三、王荆公之辩

陆九渊品评过中国历史上许多人物。他品评人物很有主见、很有个性，不人云亦云。这里列举他品评人物的案例，以观其风采。

王安石，北宋著名改革家、文学家、诗人、思想家。他主持"熙宁变法"，推行了一系列政治改革措施，但因各种原因而失败；他嗜好佛法，借佛教以言心志，以寄心愿。由于变法的失败带来一系列社会问题，王安石遭到程朱学派的批评，他们指责王安石人品败坏、学术不正、投敌卖国。

杨时是程朱学中批评王安石最尖锐、最极端的人。他认为王安石虽然博览群书，但溺于佛老，所以根本不能见得圣人之道。他说："然以其（王安石）博极群书，某故谓其力学；溺于异端，以从夷狄（指佛教），某故谓其不知道。"

杨时弟子陈渊继承了老师的传统，他指责王安石的学问穿凿附会，儒家之大道无不在《论语》《孟子》《中庸》等经书之中，对于儒家大道根本就没有理解。他说，圣学所传止有《论》《孟》《中庸》，《论语》讲仁，《中庸》讲诚，《孟子》讲性，王安石根本不明白它们的本原。将本仅是"仁"之一个方面的"爱"等同于"仁"，将"中庸"解释为待人接物之意，将"高明"解释为慎独自修之意。《孟子》本是专门发明性善意旨，王安石却混入扬雄的性善性恶混论，并溺于佛教，所以与圣人所言性相距十万八千里。

胡宏批评王安石擅用自己的意思训释经典，凭借官威化解天下英才，以谋取私利为图，为学支离破碎，六经被其废黜。

魏了翁批评王安石以得道自居，但实际上不懂"道"与"法"不可离，所以荆公之法乃商鞅之法，不是帝王之法。

朱熹是宋代理学的集大成者，他对王安石的态度基本上沿袭了杨时以来的调子，不过相对客观了许多。

朱熹自称小时候爱好王安石的书法，常常拿来临摹，对王安石书法的评价是：语气凌厉，笔势低昂，跨越古今，斡旋宇宙。

朱熹认为王安石与苏轼一样，都是把佛陀、老子作为圣人的学者，所以判王安石之学为"异端"之学。但对王安石的人品很是推崇，认为苏轼在约束己身方面，"不若荆公之严"。

朱熹指出，王安石为学，具有凌跨扬雄、韩愈之气度，掩迹颜回、孟子之宏愿，开始并没有邪恶之心。朱熹认为，由于王安石所了解的只是粗俗之学，根本不识圣人之"道"；由于不识圣人之"道"，所以就出现了似是而非的老学、佛教混同周公、孔子之圣学的情况，因此，在王安石掌管政权之后，虽然建立了新的学制，颁布了经义，废黜了诗赋，但学者们所犯的毛病并不比以前减少，反而比以前增多。

朱熹并不认同那种全面否定王安石的观点。他认为王安石没有压制天下英才的意愿，只是因为他见"理"不清楚，用"心"不广阔而已。朱熹还肯定王安石变法之初衷。他在《答李季章》中说："世俗之所以病乎此者，不过以王氏之青苗为说耳。以予观于前贤之论，而以今日之事验之，则青苗者，其立法之本意，固未为不善也。"

王安石去世后，北宋政府一直准许王安石配享孔圣人的资格。但由于伊洛学派的持续性攻击和批评，以致朝廷、社会都对王安石是否继续享有配享资格产生了怀疑。朱熹本于道统立场，推举二程配享孔庙，而对王安石的配享资格持否定态度。可见，在对王安石的态度上，朱熹虽然总体上是批评的，但相对比较客观，他自始至终都肯定王安石的人品，也肯定变法的必要性；在学术渊源上，他虽然承续伊洛之绪，但并不像杨时等人那样极端。

不过，在陆九渊撰写《荆国王文公祠堂记》之后，朱熹对王安石的评价有所变化。

陆九渊对程朱学派中的学者对王安石的评论一直很是关

注。这点由他写给当时抚州太守钱伯同的信中可以看出："故新法之行，当时诋排之人当于荆公共分其罪。此学不明，至今吠声者日以益众，是奚足以病荆公哉？"就是说，荆公变法之失败，并不能归罪于他一人，可是，到现今为止，人们对于荆公的误解、批评和攻击不绝于耳。这说明陆九渊对于怎样评价王安石已经有了思想准备。

淳熙十四年（1187），抚州太守钱伯同倡议重修"荆公祠"，并请陆九渊写篇记文。陆九渊欣然应允，写下著名的《荆国王文公祠堂记》。这篇记的主要观点如下：

其一，赞赏王安石的品格。陆九渊对王安石的人品极为推崇："英特迈往，不屑于流俗，声色利达之习，介然无毫毛得以入于其心，洁白之操，寒于冰霜，公之质也；扫俗学之凡陋，振弊法之因循，道术必为孔孟，勋绩必为伊周，公之志也。"

以"英特迈往""寒于冰霜"形容王安石的人品，从而将长期以来玷污王安石人品的浊气一扫而光；以"道术必为孔孟，勋绩必为伊周"比喻王安石的志向，从而对长期以来视王安石之学为邪学的议论给予迎头痛击。

九渊曾慨叹说：今怪力之祠，绵绵不绝，而公以盖世之英，绝俗之操，山川炳灵，殆不世有，其庙貌弗严，邦人无所致敬，无乃议论之不公，人心之畏疑使至是矣！

其二，肯定王安石见"道"。杨时等人曾批评王安石未见圣人之"道"，但陆九渊认为王安石不仅见得圣人之"道"，而且见得深。他说："唐虞三代之时，道行乎天下。夏商叔叶，去治未远，公卿之间，犹有典刑；伊尹适夏，三仁在商，此道之所存也。周历之季，迹熄泽竭，人私其身，士私其学，横议蜂起，老氏以善成其私，长雄于百家，其遗意者，犹皆逞于天下。至汉，而其术益行，子房之师，实维黄石，曹参避堂以舍，盖公高惠收其成绩，波及文景者，二公之余也。自夫子之皇皇，沮溺接舆之徒，固已议其后，孟子言必称尧舜，听者为之藐然，不绝如线，未足以喻斯道之微也。陵夷数千百载，而卓然复见斯义，顾不伟哉。"认为自唐虞以来，"道"者不绝如缕，直至王安石，此道由微而显，能说王安石不见"道"了吗？能说王安石不伟大吗？

其三，批评攻击王安石的人大多是意气用事，或者动机不纯。他说："公畴昔之学问，熙宁之事业，举不遁乎使还之书。而排公者，或谓容悦，或谓迎合，或谓变其所守，或谓乖其所学，是尚得为知公者乎。气之相迕而不相悦，则必有相訾之言，此人之私也。"用具体例子说明，王安石不是排斥异己者，也不是器量狭小者，而是秉公办事者。至于那些没有被王安石所用的人才，不过是他们性情相抵而已。

陆九渊对于王安石的不足，并没有因为是同乡而放过。他认为，王安石变法之所以失败的原因是治标不治本，没有从根本上下功夫，而他所谓"根本"就是"人心"。他说："为政在人，取人以身，修身以道，修道以仁。仁，人心也，人者，政之本也，身者，人之本也，心者，身之本也，不造其本而从事其末，末不可得而治矣。"这也就是王安石的学问不能实现其志向抱负的原因。

其四，认为变法失败不应是王安石一人的责任，旧党也应承担责任。他说："熙宁排公者，大抵极诋訾之言，而不折之以至理，平者未一二，而激者居八九，上不足以取信于裕陵，下不足以解公之蔽，反以固其意，成其事，新法之罪，诸君子固分之矣。"就是说，那些不满、诽谤王安石的人，不仅不为变法出谋划策，反而处处设置障碍、挑拨离间，所以他们应对变法的失败承担责任。

此外，陆九渊在与他人的通信中，也常有评论王安石的文字。在《与钱伯同》的信中说："荆公英才盖世，平日所学，未尝不以尧舜为标的。及其遭逢神庙，君臣议论，未尝不以尧舜相期。独其学不造本原，而悉精毕力于其末，故至于败。去古既远，虽当世君子，往往不免安常习故之患，故荆公一切指为流俗。于是排者蜂起，极诋訾之言，不复折之以至理。"

在《与陈正己》的信中说："古今兴亡治乱、是非得失，亦所当广览而详究之。顾其心苟病，则于此等事业，奚啻聋者之想钟鼓，盲者之测日月？耗气劳体，丧其本心。非徒无益，所伤实多。他日败人事，如房琯之车战，荆公之均输者，可胜既乎？"

在《与薛象先》的信中说："荆公之学，未得其正，而才宏志笃，适足以败天下。"

在《与林叔虎》的信中说："《荆公祠堂记》是断百年未了底大公案，圣人复起，不易吾言矣。"

此外，学生李敏记录了陆九渊对王安石变法的评论：

读介甫书，见其凡事归之法度，此是介甫败坏天下处。尧舜三代虽有法度，亦何尝专恃此。又未知户马、青苗等法果合尧舜三代否。祖宗之法自有当变者，使其所变果善，何嫌于同？惟韩魏公论青苗法云"将欲利民，反以害民"甚切当。

或言介甫不当言利。夫《周官》一书，理财者居半，冢宰制国用，理财正辞。古人何尝不理会利？但恐三司等事，非古人所谓利耳。

或曰："介甫比商鞅如何？"九渊说："商鞅是脚踏实地，他亦不问王霸，只要成事，却是先定规模。

介甫慕尧舜三代之名，不曾踏得实处，故所成者，王不成，霸不就。本原皆因不能格物，模索形似，便以为尧舜三代如此而已。"

如上即是陆九渊对王安石评论的基本内容。不难看出，陆九渊对王安石评价是非常之高的，但他对王安石的批评也是很中肯的，有些评论与程朱学派并没有什么根本差别，也许因为，他对自己写的这篇"祠堂记"非常自信，认为是"断百余年未了大公案"。

然而，当朱熹读到《荆国王文公祠堂记》时，十分恼火，他的直接反应是："此等议论，皆学文偏枯，见识昏昧之故，而私意又从而激之。"对陆九渊的一些观点给予驳斥。

朱熹曾在《与詹元善》的信中指出："近年风俗浮浅，士大夫贤者不过守文墨，按故事说得几句好话而已，如狄梁公、寇莱公、杜、范、富、韩诸公规模事业，固未尝有讲之者，下至王介甫做处，亦摸索不著，子静旅椟经由闻者甚周旋之，此殊可伤，见其平日大拍头，胡叫唤，岂谓遽至此哉。"指责九渊"大拍头，胡叫唤"。

在《荆国王文公祠堂记》发表数年后，朱熹写有《读两陈谏议遗墨》，对陆九渊的观点进行了全面的回应。

朱熹首先指出，在议论、评价王安石变法及其新学的人当中，有一部分人因为有所回避，因为有所偏私，而置天下已有的公论于不顾，以致不管是持否定态度还是持肯定态度者，对王安石的评论都失之公允。

关于王安石的人品，朱熹认为，远不像某些人说得那么好，其实，王安石是一个本质清高介洁而又器量狭小、志向高远而学问平凡的肤浅之人。

王安石的变法及其新学也得到一些人的肯定，但朱熹列举了王安石的四条主要罪过：其一是改变祖宗传家之法而推行三代之政，其二是废黜春秋之道而主张帝王行北面之礼，其三是他的学问本出于刑名度数而不足于言性命道德，其四是解释经典时奥义繁多而且好援引佛老之学。

朱熹解释王安石变法失败的原因是，他的议论学说，都是凭耳目之见、头脑回忆而来，没有任何可靠的根据；他为人狂妄高傲，不屑一切，自比圣人，为事不懂得以格物致知、克己复礼为本，不能脚踏实地去做，而是追求那些水中月、镜中花的东西。

对于王安石以"三代"为法的主张，朱熹也给予了分析。他说，"三代"之政，记在书册之中，虽然时间上有先后，但"道"是不分古今的，高举而推行它，当然需要后世君子的努力。不过，行"三代"之法过程中，名实之辨、本末之序、缓急之宜等，都是不能有任何差错的。反观王安石行"三代"之法，完全是以自己的主观意愿附加在古代之礼上，然后凭借自己的政治地位让天下人信服，所以，这根本不是真正意义上的行"三代"之法。如果真心想行"三代"之法，那么，为什么不将"格君之本，亲贤之务，养民之政，善俗之方"等列为改革的首要任务，而独对财利兵刑感兴趣？因此，王安石变法，大本不正，名是实非，先后倒置，以这种方式行"三代"之法，不增加社会动乱怕是不可能的了。

朱熹认为，王安石"新学"存在很多问题，其中最大的问题就是陷于佛教。他说，有人说王安石"新学"有得于刑名度数，只是在道德性命方面所不足。这种判断是肤浅的。既然在道德性命之学上有不足，怎么可能在刑名度数上有所成就呢？王学的根本问题就在于以佛老之言为妙道，以礼法事变为粗迹，这正是王安石学问根本问题之所在。况且，如果王安石之学实有得于刑名度数，怎么可能修身时与僧人坐卧滚作一团呢？

关于王安石的经典解释，朱熹也不能认同那些肯定的观点。他指出，王安石解经的毛病，主要出在自视太高，所以不能静心以明理、秉公以去私，所以对于圣贤的言论，既不能虚心思考，以求解其立言的本意，又不能反复详密，以辨别其为说之是非，一味以自己的主观意愿穿凿附会，妄为支蔓浮虚之说。而之所以如此，也是因为他将一切举措归之于佛老之学。

可见，陆九渊的《荆国王文公祠堂记》，还真的让朱熹"动怒"了，不惜笔墨写了这么长的文章，不厌其烦地回应关于王安石变法及其"新学"之问题。

不过，朱熹对王安石的评论与陆九渊存在相同的地方。但陆九渊对于朱熹的回应则是"极糊涂，不理会"。

王安石变法及其"新学"，由于程朱学派的批评和攻击，曾一度被打入冷宫。王安石成了人品恶劣的代表，而"新学"成了邪学的象征，谁也不敢谈起王安石，谁也不敢提及"新学"。而陆九渊对王安石变法及新学的评价，犹如一声春雷，振聋发聩，让人们重新想起那敢做敢当的改革家，让人们对王安石的变法及其学术进行新的思考。

元代大儒吴澄曾说："荆国文公才优学博而识高……公负盖世之名，遇命世之主，君臣密契殆若菅葛，主以至公至正之心，欲尧舜其民，臣以至公至正之心欲尧舜其君。然而公之学虽博，所未明者孔孟之学也，公之才虽陆、吴二子之言，即足以报公志之所存，今昔不足于公者，又有以尽破其偏私之蔽，而世俗口耳相承之议，遂无复容于其间，虽公复生亦将怃然于斯，可谓千载之定论矣。"

通过对程朱学派与陆九渊围绕王安石变法及其"新学"的

评价，可以清晰地看到，北宋"新学""洛学"之争，渐演成
南宋朱学、陆学之争。

四、道统之争

在学术思想上，陆九渊所标立的是"心学"路向，这个
"心学"路向是否与孔孟儒学一致呢？这在陆九渊看来不是问
题，他甚至认为自己所提出的"心学"才是儒学的正宗方向。
而所谓正宗不正宗，实践上就是符不符合儒家道统问题。陆九
渊辨儒佛之异，就是为了恢复儒学之道统；而与朱熹之争，就
是争谁是儒家之正统。陆九渊对此不能不在乎。

儒家的道统说虽然有着悠久的历史，但真正自觉地建构起
来却是从唐代韩愈开始的。韩愈在他的《原道》中第一次将儒
家的道统完整地陈述出来：

> 夫所谓先王之教者何也？博爱之谓仁，行而宜之
> 之谓义，由是而之焉之谓道，足乎己无待乎外之谓
> 德。其文诗、书、易、春秋，其法礼、乐、刑、政，
> 其民士、农、工、贾，其位君、臣、父、子、师、
> 友、宾、主、兄、弟、夫、妇，其服麻丝，其居宫
> 室，其食粟米、果蔬、鱼肉，其为道易明，而其为教
> 易行也。是故以之为己，则顺而祥；以之为人，则爱
> 而公；以之为心，则和而平；以之为天下国家，无所
> 处而不当。是故生则得其情，死则尽其常；敦焉而天
> 神假，庙焉而人鬼飨。曰：斯道也，何道也？曰：斯
> 吾道也，非向所谓老与佛之道也。尧以是传之舜，舜
> 以是传之禹，禹以是传之汤，汤以是传之文、武、周

公，文武周公传之孔子，孔子传之孟轲。轲之死，不得其传焉。荀与杨也，择焉而不精，语焉而不详。由周公而上，上而为君，故其事行；由周公而下，下而为臣，故其说长。然则如之何而可也？曰：不塞不流，不止不行。人其人，火其书，庐其居。明先王之道以道之，鳏寡孤独废疾者有养也，其亦庶乎其可也。

孔子、孟子及其以后的儒家学者，都不同程度地对"道统"进行过不自觉的表述，而韩愈的这个概括正是在前人表述的基础上提炼出来的，所以可以认为是集儒者道统论述之大成。那么，韩愈的这个"道统"涵盖了哪些内容呢？

其一是道统的核心观念，道德仁义、生养之道是韩愈"道统"中的核心内容。

其二是道统的经典，《诗》《书》《易》《春秋》是韩愈"道统"所规定的经典。

其三是道统的目标或理想，衣、食、居等物质生活基础丰厚，社会关系和谐有序，是韩愈"道统"所确定的目标。

其四是道统中的人物确定，自尧开始，接下来是舜、禹、汤、文、武、周公、孔子、孟轲。孟轲死后，不得其传。

其五是道统的传承方式，在周公那里发生变化，周公以上，君师一体，所以可以实施道统的理念，周公以下，君师分离，师者为臣，道统理念难于实施，所以只能在论说上努力。

其六是道统的发展道路，儒家之道要得到延承、光大、发展，必须将那些障碍物扫除，就是说，一定要将佛教、老学这些与儒学对立的思想学说消灭。

可以说，韩愈之后，儒家关于道统的讨论和规定少有超出这些内容的。陆九渊关于儒家道统的论说，自然也不会超出这个范围，不过他还是有自己的看法，甚至可以说是独树一帜。

陆九渊是个很自负的人，这点也表现在他对自己在儒家道统中位置的安排上。他曾说，我不需要去仔细估量就可以告诉大家，儒家圣人之学，自孟子之后到我这里才重新放出光彩来。这个话的意思就是，自孟子以后到他以前，儒家圣人之学一直被掩蔽着，从来没有凸显出来，什么荀子、扬雄、董仲舒、韩愈、张载、程颢、程颐等，尽管他们也很努力，但都没有使儒家圣人之学放出光彩来。

关于儒家道统传道的谱系，北宋开始，人们各有各的说法。石介有石介的说法，孙复有孙复的说法，张载有张载的说法，程颐有程颐的说法。陆九渊也有自己的说法。

与他同时代的著名理学家朱熹，将周敦颐、程颢、程颐当作儒家道统的正传，而朱熹自己正是接承程颢、程颐兄弟俩的学问而来。为什么朱熹不像陆九渊那样，说自己的学问是直接从孟子那里接过来的呢？这就需要提及程颢、程颐兄弟二人。

程颢为哥哥，程颐为弟弟，他们兄弟二人学问都很高超。兄弟俩常常引以为豪的是，提出了"理"（天理）这个范畴，从而初步建立起"理学"。

老大程颢去世后，弟弟程颐为哥哥撰写了一篇墓表，其中有这样的文字："周公没，圣人之道不行；孟轲死，圣人之学不传。道不行，百世无善治；学不传，千载无真儒……先生出，揭圣学以示人，辨异端，辟邪说，开历古之沉迷，圣人之道，得先生而复明，为功大矣。"程颢在儒家道统中的地位便由此确立。在表彰哥哥的同时，程颐也基本上将自己在儒家道统中的地位确立下来。

朱熹非常认同程颢、程颐兄弟俩的理学造诣和对孔孟儒学的贡献，尊二程兄弟为儒家道统正宗的传人。朱熹也非常赞成程颐对他哥哥的表彰。他曾经说，佛教、老学异端的流行，使得真假难辨，多亏程氏兄弟的横空出世，直承孟子之学，抵御佛、老的侵袭，并取得巨大成功，否则儒学的命运不可想象。

朱熹如此高抬二程兄弟自然也有自己的打算，那就是把自己和二程挂起钩来。他曾说，我小时候读二程兄弟著作时，就已经了解到程氏二先生的道学、德行非常了得，实实在在是继承孔孟道统而来。我虽然不够聪明，但非常有幸成为二先生的私淑弟子。朱熹竟然主动把自己看成是二程的私淑弟子，这就是说二程以后的道统继承人便是他朱熹。

对于朱熹所说的道统，陆九渊并不认同。九渊说，从孟子到现在，有一千五百余年的时间，其间自称儒者的人多如牛毛，包括荀子、扬雄、王通、韩愈等大儒，都影响深远，曾几何时，天下人纷纷归附在他们脚下。但是，如果真正说到继承尧、舜、孔、孟的道统，却不能以虚代实、以假充真，而应认真对待。

九渊举例说，近世周敦颐、张载、程颢、程颐等贤人，虽然对儒家之道钻研得很深入，对儒家之道讲演得很详细，而且可以说志向专一，实践笃定，是汉、唐儒者所不可比拟的，他们在培植挺立儒学方面的成就是值得赞颂的。然而，不管周敦颐、张载、程颢、程颐等人多么厉害，他们怎么也比不上曾子的光洁诚恳、子思的高迈超脱、孟子的睿智知言，所以，他们都还不足以成为道统的继承人啊。

陆九渊并不是故意否定周敦颐、张载、程颢、程颐等人的道统地位，他向来提倡论事讲理。他对荀子、扬雄等人的道统地位也是持否定态度的。在他看来，荀子、扬雄选择儒家义理粗糙而不精细，讲说儒家学说杂乱而不周详。就连他比较认同的韩愈，也没有被他放入道统中去。不过，否定他们在道统中的正传地位，不等于否定他们对儒学的贡献。

　　九渊曾说，孟子之后，以"儒"著称于世的人，当以荀子、扬雄、王通、韩愈四个人最为厉害、最为有名。他还说，扬雄、韩愈虽然都不曾真正认得儒家之"道"，但他们的认识能力是普通人所不能达到的，而且，他们的有些观点还是非常有价值并在很长时间内是难以改变的。

　　陆九渊还提出了一个非常有意思的观点，就是认为从孔子那里获得"道"有两种方式，一种是"里出"，另一种是"外入"。

　　什么是"里出"？陆九渊认为，从孔子那里真正接承了"道"的只有两个人，一个是颜回，另一个是曾子。原因就在于这两人是由"里出"的方式获得孔子之"道"。什么是"外入"？陆九渊认为，像子夏、子张等人，都不曾悟得孔子之"道"，因为他们都是"外入"的，即他们不是从"心"去悟"道"，而是从书本、事物中去悟道。陆九渊崇尚"里出"而贬抑"外入"，与他的"心学"立场是相呼应的。

　　那么，陆九渊与朱熹的道统内容是怎样的呢？

　　朱熹认为，儒家道统内容应该是"人心惟危，道心惟危，惟精惟一，允执其中。"这也就是儒家的"天理"。

　　九渊不是这样看的。他强调自己所传承的学问就是孟子之学，而孟子之学的核心是"性本善"，人先天有善性，先天有良知、良能，先天有仁、义、礼、智四德，在九渊这里就叫"本心"，也就是说，陆九渊是将儒家的道德看成道统的内容。

　　孟子在儒家道统中的地位得到了陆九渊和朱熹两个人承认，不过，他们对孟子评价还是有差别的。

　　朱熹对孟子多有批评。他认为孟子教人主要从理义层面讲说，而孔子则主要从切实功夫处讲说，而且认为，孟子喜好说

"心"，使后来学者都犯上求"心"的毛病。

九渊对孟子则多有肯定褒扬。他郑重向学界声明，他创立"心学"，灵感来自孟子，他的学问是孟子思想的新发明。他肯定孟子"人先天具有良知、良能"的思想，提出"本心"说；他继承孟子立"大体"的功夫论，提出"发明本心、切己自反"说；他继承孟子"尽信书不如无书"的思想，反对博览群书，反对沉湎于经书而不能自拔，等等。总之，孟子在儒家道统中的地位是至关重要的。

朱熹非常推崇程颢、程颐的学问和地位，认为如没有程氏兄弟的横空出世，儒家之道便仍然不能见天日。

陆九渊则比较不屑程氏兄弟，不仅不承认他们在儒家道统中的代表地位，甚至说不曾看他们的著作，一个偶然的机会读到几篇，却又发现问题多多，兴趣索然。所谓"某旧日伊洛文字不曾看，近日方看，见其间多有不是"。

九渊本来很器重他的学生曹立之，并在朱熹面前赞赏他"天资甚高"。不过，后来曹立之弃陆投朱，拜朱熹为师。这本不是什么新鲜事。问题是，这个曹立之非常自负，又好表现自己。归附朱门后，便到处说，为学以掌握"道"为至要，但"道"不是听到便可悟、直接可以获得的，而应由浅入深、由近及远，才能最终达到目的。然而，曹立之早死。

对曹立之的早逝，朱熹自然很是伤心。他在为曹立之写的墓表中表达了他的惋惜之情，说："使天假之年以尽其力，则斯道之传其庶几夫！"但这话让陆九渊听起来却有些刺耳。弃陆投朱，本来就让陆九渊不开心，竟然还说这种人可成为儒家道统的继承人，真是太言过其实！认为是"未得其实"。

其实，陆九渊在曹立之投奔朱熹之后便给予了严厉的批评。他在给曹立之的信中写道："以为有序，其实无序；以为有证，其实无证；以为广大，其实狭小；以为公平，其实偏侧；将为通儒，乃为拘儒；将有正学，乃为曲学。以是主张吾道，恐非吾道之幸。"按照九渊的这种评价，曹立之应该是难当大任的。

这个争论看上去只是朱熹与陆九渊对曹立之品德、才能的不同评价，实际上表现了朱熹以"道统"权威自居的心态，反映了九渊对朱熹道统地位的不承认。

五、朱陆互评

陆九渊与朱熹，这对南宋学术思想界两颗璀璨的明珠，他们惺惺相惜，既有毫不让步的争论，也有相互敬佩的气量。在他们相互切磋、相互理解的过程中，都对对方做过许多评论。这些评论，既反映了他们真诚的友谊，又反映了他们学术思想上的差异。

究竟谁是禅

陆九渊与朱熹争论最大的问题之一，就是谁的学术思想更近禅，或者根本就是禅。本来，陆九渊压根就没有将朱熹的学术思想往禅宗上想过。然而，自陆九渊的心学逐渐发生影响之后，朱熹便指陆九渊之学为禅学。

朱熹说："陆子静之学，自是胸中无奈许多禅何。"

还说："近闻陆子静言论风旨之一二，全是禅学，但变其名号耳。竟相祖习，恐误后生，恨不识之不得深扣其说。"

又说："陆子静之学，看他千病万病，只在不知有气禀之杂，他只说儒者断绝了许多私欲，便是千了万当，任意作出都不妨。不知气禀有不好底夹杂在里，一齐滚将去。"

又说："子静寄得对语来，语言圆转浑浩，无凝滞处，亦是渠所得效验，但不免有些禅底意思。昨答书戏之云'这些子恐是葱岭带来'，渠意不伏。然实是如此，讳不得也。"

又说："子静说话常是两头明。或问暗是如何？曰：他所以不说破，便是禅所谓'鸳鸯绣出从君看，莫把金针度与人'。他禅家自爱如此。"

又说："江西（陆氏）之学只是禅，浙学（指永嘉、永康之说）却专言功利。禅学，后来学者摸索，一旦无可摸索，自会转去；若功利者，学者习之便可见效，此意甚可忧。"

可见，陆九渊心学即是禅学，在朱熹的心目中是铁板钉钉的事。那陆九渊有什么反应呢？说他毫不在乎恐怕不符合事实，但要说他非常在意却也有些言过其实。因为在陆九渊这里，我们的确找不到像朱熹这样连篇累牍地指朱熹之学为禅的情形。

陆九渊曾经回应朱熹说："尊兄两下说无说有，不知漏泄得多少。如所谓太极真体不传之秘；无物之前，阴阳之外，不属有无，不落方体，迥幽常情，超出方外等语，莫是曾学禅所得如此？"其实，从玩思辨、形上的东西而言，朱熹比陆九渊更有兴趣，这的确是事实。

学问气象

朱熹虽然说陆九渊的学问为禅，但对他们兄弟几个的学术气象却是佩服的。他曾说："子寿兄弟气象甚好，其病却在尽废讲学，而专务践履。于践履中要人提撕省察，悟得本心，此为病之大旨。要其操持谨质，表里不二，实有以过人者。惜乎

101

自信太过，规模窄狭，不得取人之善，将流于异学而不自知耳。"

还说："子静平日所以自任，正欲身率学者，一于天理，而不以一毫人欲杂于其间，恐决不至如贤者所疑也。"

又说："子静旧日规模终在。其论为学之病多说如此即是意见，如此即只是议论，如此即只是定本。熹因与说：既是思索，即不容无意见；即是讲学，即不容无议论；统论为学规模，亦岂容无定本。但随人材质病痛而救药之，即不可有定本耳。渠却云：正为多是邪意见、闲议论故为学者之病。熹云：如此即是自家呵斥，亦过分了。"

陆九渊也是很佩服朱熹的，他曾在学生面前这样评价朱熹："朱元晦泰山乔狱，可惜学不见道，枉费精神，遂自担阁。"

陆、朱二人对对方的学问气象基本上都是肯定的。

人格才气

虽然在为学上，陆九渊与朱熹存在很大的分歧，但他们却都很敬佩对方的才气和为人。

朱熹曾说："近世所见会说话，说得响，令人感动者无如陆子静，可惜如伯恭都不会说话。"这种评论能从朱熹的嘴里说出来，足见陆九渊的能力之强与影响之大。

在南宋学术界，除自己之外，朱熹最佩服的人便是陆九渊。他曾说："南渡以来，八字脚里会着实工夫，惟某与陆子静二人而已，某实敬其为人，老兄未可轻议之也。"

陆九渊对朱熹也是很钦佩的。他曾说："此老才气英特，平生志愿不没于利欲，当今诚难其辈。第其讲学之差，蔽而不解，甚可念也。"

可见，陆、朱二人惺惺相惜，对对方的才华既羡慕又肯定。

讲学特色

陆九渊与朱熹的分歧，在讲学上表现得比较突出。那么，他们二人对对方学问又有怎样的评论呢？

朱熹说："吾儒且要去积钱，若江西学者都无一钱，只有一条索，不知把甚么来穿。"这是说陆九渊的为学没有"散钱"，只有绳子，所以无物可串，只是"空"。

还说："江西便有这个议论。须是穷得理多，然后有贯通处。今理会得一分，便得一分受用；理会得二分，便得二分受用。若一以贯之，尽未在。陆子静要尽扫去，从简易。某尝说，且如做饭，也须趁柴理会米，无道理合下便要简易。"

又说："陆子静之贤闻之盖久，然似闻有脱略文字、直趋本根之意，不知其与《中庸》学问思辨、然后笃行之旨又如何耳？"

又说："子静后来得书，愈甚于前。大抵其学于心地工夫，不为无所见，但便欲恃此陵跨古今，更不下穷理细密工夫，卒并与其所得者而失之，人欲横流不自知觉，而高谈大论，以为天理尽在是也，则其所谓心地功夫者又安在哉！"

又说："子静近日讲论比旧亦不同，但终有未尽合处。幸其却好商量，亦彼此有益也。"

又说："江西学者自以为得陆删定之学，便高谈大论，略无忌惮。忽一日自以为悟道，明日与人饮酒，如法骂人。某谓，贾谊云秦二世今日即位而明日射人，今江西学者乃今日悟道而明日骂人，不知所悟者果何道哉?"认为陆九渊不怕天、不怕地，一向胡叫胡喊。

陆九渊对朱熹为学特点的评论稍少些，他说："足下如此说晦翁，晦翁未伏。晦翁之学，自谓一贯，但其见道不明，终不足以一贯耳。吾尝与晦翁书云：'揣量模写之工，依放假借之势，其条画足以自信，其节目足以自安'，此言切中晦翁之膏肓。"

又说："尊兄……如此平时既私其说，以自妙及教学者，则又往往秘此而多说文义，以实论之，两头都无着实，彼此只是葛藤末说，气质不美者，乐寄此以神其奸，不知萦绊多少好气质底学者。即以病已，又以病人。明德在我，何必他求。"

不难看出，陆、朱二人在讲学方面都是互有诘难的。

朱熹缘何判九渊为告子

在朱熹与陆九渊之间交织许多复杂的需要澄清的笔墨官司，朱熹多次指陆九渊为告子，就是其中的一桩让人充满好奇的案例。

朱熹曾在与项平父的一封信中谈到，有些人虽然认识到义之在内心，却将通过求学问辨得来的看成不是"义"，从而将格物致知、读经问学、拜师访友等行为全部抛弃，这与告子因为不知义之在内而强制不动心没有差别。这里朱熹没有讲他所说的人就是陆九渊，不过，那时否定读书、格物，而又坚信义之在内的代表人物只有陆九渊，所以朱熹所讲"当今有些人"应该包括陆九渊，也就是说陆九渊与告子是一路的。

朱熹曾在他的众多学生面前说，陆九渊轻视言语的作用，他的学问与告子类似，而他说告子与孟子一样高妙，可是他赶不上告子，因为告子将心抑制得不动，而陆九渊遇事未必都能做到不动。

陆九渊去世了，消息传到朱熹的耳朵里，他很是悲伤，并率领众学生到寺中哭祭九渊，但最后却说了一句意味深长的话："可惜死了告子。"

朱熹为什么指陆九渊为告子呢？

告子的基本观点是，一个人如果在言语上不能明理，就应舍置言语，而且不必反求理于心；如果在心灵上躁动不安，就应该以强力抑制躁动不安的心，而不必求之于气。孟子批评告子是既不得于言，又不求之于心，内外都失。换言之，孟子主张既要在言语上明得其理，又要内心上固守把持。

所以，后来的儒家学者都将孟子与告子对立起来，而且都倾向于孟子的主张。

朱熹指陆九渊为告子，就是认为陆九渊一方面弃置语言，不读书、不问学，不行格物致知之事；另一方面又像禅宗那样执着，强力抑制，勿使外溢，但费力而无有收获。

可见，朱熹指九渊为告子，还是基于他们为学方法的差异使然，还是因为他们在学术方面的不同所致，而非朱熹玩笑似的嘲讽。

第6章

"心即理" 的奥妙

有宋一代，是中国学术发皇的重要时期之一。在这个百家争鸣、百花齐放的时代，最为显目的当然是程朱理学，而唯一能与之争锋、抗衡的就是陆九渊的心学。而陆九渊心学最为核心的观念就是"本心"。

一、"本心" 就是 "理"

陆九渊的核心思想是"心本论"或"本心论"，这与同时代朱熹的"理本论"完全异趣。九渊的"本心"说，基本上是继承孟子性善论而来的，同时也有他自己智慧的参透。

何谓 "本心"

关于什么是"本心"，陆九渊有非常多的讲法。这些讲法大多都是通过学生的提问展示出来的。

可能是因为陆九渊所讲的"本心"的确有些神秘，加上陆九渊的人格魅力，向他请问什么是"本心"的学生不计其数，这里列举几个案例。

曾宅之问九渊什么是"本心"。陆九渊告诉曾宅之，孟子讲不需要考虑便明白的"良知"，不需要学习便会做的"良能"，都是先天赐给人的，是本来内在于人自身的，不是从身外搜寻得来的，这就是我讲的"本心"。

赵监问九渊什么是"本心"。他告诉赵监说，仁义，就是我说的"本心"，而且，这个"本心"是先天内具于人的，不是求索得来的。

李宰问九渊什么是"本心"。他告诉李宰说，仁、义、礼、智"四端"就是我们每个人的"本心"，这个"本心"是天赋予每个人的。

陆九渊最得意的门生杨简，也曾问什么是"本心"。陆九渊的回答仍然是仁、义、礼、智"四端"。

既然"本心"就是仁、义、礼、智"四端"，那么说"本心"是一道德范畴应该符合实际；既然"本心"是良知良能，那么说"本心"具有知觉能力也是可以接受的；既然"本心"可以正确判断是与非，那么说"本心"具有善性也是完全合理的。通俗地说，"本心"就是先天地内在于人心的、具有知觉能力、可以判断是非的道德品性。

总之，在陆九渊这里，作为先验道德意识的"本心"，与人是同一的，人若无"本心"则不成其为人，所以"本心"是对人先天善性的一种规定；而人之所以具有能够或者应该在生活中体现他的善的品质，乃是因为他内具"本心"这一根据，所以"本心"又是道德价值之源，是人为善去恶的根据，而且这是普遍性的、绝对性的、超越性的。

何谓"理"

在陆九渊"心学"体系中，还有另一个重要性与"心"相当的范畴，那就是"理"。

陆九渊说，宇宙茫茫一片，无际无边，但有一个东西充塞着这个宇宙，这个东西就是"理"；而且，自古以来的圣人忙忙碌碌，上下求索，都是要求得这个"理"。那么，这个"理"究竟是个什么来路呢？又有什么特性呢？

九渊说，所谓"理"就是正理、公理、实理、常理，这个"理"是普遍存在的，无论是从个人自身看，还是从广大民众看，无论是从尧、舜、禹三帝王看，还是从天地鬼神看，都可以证明这个"理"的存在。

而且，这个"理"是绝对的、不变的、万能的，它能造就无穷无尽的变化，宇宙万物的化生、春夏秋冬四时的更替、阴阳五行的运行、人为制度的建设等等，都是"理"所为。

所谓"理不变"的含义，就是讲"理能造就无穷无尽的变化"这个道理是不变的。因此，不管是建立人世间最高的根据，还是规范人伦社会的秩序，如果该变的不变，该改的不改，都是对这个"理"的违背，都将遭到惩罚，并走向失败。

"理"还有一种神奇的效应，那就是，你若在家里讲出来的话都充满善良，那么将会有远在千里之外的事情应验你讲的话，你会得到奖赏；你若在家里讲出来的话都充满邪恶，那么也将会有远在千里之外的事情应验你讲的话，你将遭到惩罚。在这里，"理"显得很神秘，被赋予了因果报应的属性。

这个"理"也是客观的、独立的，它既不会因为人的认识状况而改变，也不会因为人的行为状况而增减。你认识它，是"理"，你不认识它，还是"理"；你实践它，是"理"，你不实践它，还是"理"。

这个"理"是公平的、无私的，它好比日月普照万物，不会因为某物的美丽或富有而阳光普照，也不会因为某物的丑陋或贫穷而阳光稀疏；它好比大地上的水，它自然的运动永远是将坑洼填平。

"理"是完满无缺、晶莹剔透、圆融无碍的，就好比一颗珠子，掉进水中，珠子的光彩可能会因为水的混浊而显露不出来，但这并不意味着珠子的光彩丧失了。

因此，一般情况下，宇宙间的这个"理"永远是光彩夺目的，它从来不会逃遁隐藏，它是天地万物的根据，人依照这个"理"做人行事，便不会有私心杂念，便不会有阳奉阴违，便不会有男盗女娼，而这也是人能与天、地并立为"三极"的原因。

如果有人埋怨自己不能认识"理"，那也怨不得"理"，只能怨自己"心"有病，因为"理"从不隐藏、从不躲闪，所以只能从自身找原因。这里可以套用孔子一句话，"不患人不知己，就患不知人"。

这个"理"也是先天地内在于心中的，不是从外面获得的。它与孟子讲的仁、义、礼、智是一样的，都是本于人心的。如果有人将这个"理"看成是身外之物，并强力求索，那么他不仅一无所获，反而劳累身心。

既然这个"理"是正理、公理、实理、常理，那么，人肯定是不能也不应该违背这个"理"，而应该消化这个"理"、遵循这个"理"、实践这个"理"。不过，要遵循这个"理"，有个前提，那就是先得认识这个"理"。

陆九渊说，这个"理"流行于广袤的宇宙之间，连天地鬼神都不能违逆这个"理"，更不用说人了。不过，如果能认识这个"理"、遵循这个"理"、实践这个"理"，那也是有积极回报的。

比如，你掌握了这个"理"，你就能成为自己的主宰，一旦成为自己的主宰，身外之物便无法感移你，歪理邪说就不能迷惑你，声色利欲就不能侵蚀你。而且，你就可以用公理、正理来武装自己，去除私心杂念，将别人的善的行为当作激励自己的动力、鼓励自己的榜样。

因此，学者们应该把发明这个"理"当作一种使命，让所有人都能认识、理解这个"理"，因为明白了这个"理"，才可能有实际的行为，做实际的事情。

至此也可以说，被九渊说得神乎其神的"理"，其实也很简单。

既然"理"是公理，那么，就不是"私理"，所以，陆九渊的"理"是否定私利的；既然"理"是正理，那么，就不是"歪理"，所以，陆九渊的"理"是否定邪恶的；既然"理"是实理，那么，就不是"空理"，所以，陆九渊的"理"是否定空虚的；既然"理"是常理，那么，就不是"权理"，所以，陆九渊的"理"是恒在不易的。

总之，这个"理"是不能违背的，却是应该领悟的，因为人只有认同、觉悟、把握了这个"理"，他才能挺立自我，才能滋养自我，才能百行无忧，才能成就大业。

陆九渊认为，每个人都有这个"心"，每个人也都有这个"理"，所以说"心"就是"理"。

心即理

那么，为什么说"心"与"理"是一体的呢？"心"与"理"之间究竟是怎样的关系？

陆九渊认为，他所讲"心"与"理"的贯通，"心"与"理"的直接同一，不是主观杜撰的，而是有经典根据的。他说，孔子和孟子讲的"吾道一以贯之"，就是"心理为一"的意思。比如，孟子讲的仁、义、礼、智四端，也就是"四德"，都属于"理"，可是孟子又说，恻隐之心，仁之端也；羞恶之心，义之端也；辞让之心，礼之端也；是非之心，智之端也。这不是讲"心"就是"理"吗？

而且，单独从"仁"来讲，"仁"就是仁爱之心，这个仁爱之心成为每个人接受的道德原则并贯彻于他们的行为，便成了"理"。所以，求"仁爱之心"也就是求"仁爱之理"，知"仁爱之心"也就是知"仁爱之理"。依此类推，尽孝之心就是尽孝之理，推敬之心就是推敬之理，因此可以说，"心"与"理"是同一的。

陆九渊说，他讲的"本心"就是"公心"，是以天下为公的道德精神或品质，是没有任何私意的纯粹之心；"理"是天下万物普遍遵循的正理，是没有任何偏私的大道，所谓"天无私覆，地无私载，日月无私照"；这样，一个是天下的"公心"，一个是天下的"公理"，它们的内涵、它们的品质并无二致，当然可以说"心"就是"理"了。

就个人而言，九渊认为，"心"与"理"同样是一体的。比如，圣人与普通人虽然有智愚的差别，但行走在马路边上的普通人也可能成为圣明的尧帝、舜帝，成为圣人，因为他们的"心"和"理"是一样的。所谓"东方有圣人焉，人同此心，心同此理，西方有圣人焉，人同此心，心同此理"；所谓"满街都是圣人"。所以说，每个人都有这个"心"，也都有这个"理"，"心"与"理"本是一个东西。

因此，九渊反反复复强调，"心"就是一个"心"，"理"就是一个"理"，"心"也就是"理"，它们实际上就是一个东西，义理根本没有任何差别，所以，这个"心"和"理"实在是不能将它们分离为二的。

既然"心"与"理"是一，"心"就是"理"，那么，从"心"中流出来的，当然都是"理"。陆九渊说："万物森然于天地之间，满心而发，充塞宇宙，无非此理。"这是从宇宙论上讲，"理"这一普遍的道德原则，就是根源于那个具有善性的"心"。

因此，伦理道德也都发自"心"。他说，发孝敬之心，便是孝敬之理；发慈悲之心，便是慈悲之理；发忠贞之心，便是忠贞之理；发友悌之心，便是友悌之理。因此，孟子讲的"尽心"其实就是这个道理，是非常重要的。

那么，陆九渊说的"心即理"究竟有什么样的意义呢？"本心"虽然也被赋予客观性，但毕竟是主观性的，"理"虽然被认为是先验的内在于心的，但毕竟是客观性的。然而，"心即理"的命题却足以使"心"和"理"发生化学反应、发生根本性变化。为什么呢？

"本心"虽然是善的，虽然是天所赋予，但它更偏于主观的属性，也就是说，"本心"主要是从主体的自我觉悟处开发人对道德的自觉，然而同时可能因为主体性膨胀而难以把持，一不小心便跟着感觉走，被外在欲望所诱惑，致使"本心"丧失。因此，"本心"具有双重性，它既可能使本有之善完全彰显出来，也有可能使本有之善完全丧失。

"理"是道德原则，是"公理""正理"，是规范，当然是善，更重要的是，"理"具有客观性，是"常理"，因此，"理"主要是从外在的、强制的方面来培养人对道德的自觉，然而同时可能因为客体性的僵持而难以为主体所接受和消化，致使完美的道德原则、道德品质拒人于千里之外。

无疑，"心"和"理"处于这样互不隶属甚至相斥的局面，当然是陆九渊所不乐见的了。那么，怎样解决这个难题呢？最好的办法就是将它们撮合，让它们成为一对相互滋养、共化困境的"恩爱夫妻"。陆九渊的确这样做了，而且做得很干脆、很出色，他标出一个响亮的命题："心即理"。

由于"理"是宇宙法则，又是儒家伦理，因而讲"心"就是"理"，无非是说宇宙法则或儒家伦理就在"心"中，从而使"心"具有了他律性、客观性，从而使"心"不致随意膨胀、为所欲为。所以，"心即理"，对于"心"而言，在很大程度上约束了"心"所具有的主观性，限制了"心"的随意性、放纵性。

由于"心"是内在的，又偏于主观自我把持和自觉，正如孔子曾说，"仁"这种德性内在于每个人"心"中，人所要做的就是自我把持和挺立；亦如孟子所说，人先天有仁、义、礼、智四种德性，人所要做的就是将这些德性尽最大努力发挥出来、彰显出来。

因此，讲"理"在"心"中，就是告诉人们，美好的品德人人具有，想做善事并不是件因难的事，每个人都应有做善事的责任和觉悟。

可见，"心即理"这个命题具有极大的创造性，含有很深的意义。它不仅在理论上缓解了儒家道德思想体系中的内在紧张和冲突，也在实践上为人们行善提供了有效的指导。

二、发明与存养

既然在本体意义上，"心"是万物的根据，也是万善的源泉，它是内在的、本有的，无须学习、无须思考、无须格物。这就意味着，一个人能够尽发其心、尽显其性，也就成就了"内圣"，换言之，陆九渊的"本心"说，事实上可以逻辑地推演与这个"本心"说一致的存养方法。

"本心"被蔽

陆九渊曾问自己：为学传道究竟是为了追求什么呢？按照他的理解，人生活在这个世界上，应尽的是做人之道，因而学者们做学问、传播思想，也应该是思考自己怎样做人，并给别人提供怎样做人的建议。

按理，九渊提出的"心即理"观念，就是从本上指明了一个人做人的理念。具体来讲，就是每个人具有本善之心，他应该按照这个本善之心去做人。

不过，陆九渊发现，本善之心并不是说显露就显露、说实践就实践的，因为这个本善之心、圆融之理，随时都可能被外物所遮蔽、所污染。所谓"人性本善，其有不善者迁于物也"。

那么，这个"物"是什么呢？九渊认为，首当其冲者是"欲"。在他看来，损害人"本心"者是欲望，而且，一个人的欲望多而不可控制，那么他就是想保存他的本善之心，也是相当有限的；相反，一个人的欲望少而且把控得很好，那么他就是不想保存他的本善之心，他的本善之心也是会相当多的。

其次是"气"。他说，人所具有的"本心"是富有灵性的，所具有的"理"也是明彻的，但是，往往被人所秉承的"气"所蒙蔽，致使本心不显、天理不明。

"气"的具体表现之一就是习俗的影响。陆九渊认为，一个人习俗太厚、过重，被习俗风尚所桎梏，就会埋没人的性灵，蒙蔽充塞宇宙的"至理"。

此外，如果从受影响的主体来看"本心"遮蔽或丧失的原因，那么又可分为"物欲"和"意见"两种。就是说，虽然说上等人与下等人都具有本善之心，但是他们的"本心"被蒙蔽的原因是不同的。

愚昧者、道德低劣者的"本心"丧失大多是因为"物欲"的诱惑，而贤达者、智慧者"本心"的丧失大多是因为"意见"的纷争。这样，陆九渊就将"本心"蒙蔽或丧失的原因找了出来。

继而，陆九渊提出了他的修养功夫论。

发明本心

陆九渊认为，人都有"本善之心"，所以，人应该懂得如何存养这个"本善之心"。因为"心"就是"理"，所以这个"本善之心"存养好了，"理"也就存养好了。不过，按照九渊的想法，要存养好"本心"就应该从根本处着手，也就是要立"大体"。

所谓立"大体"是继承孟子思想而来。孟子将"心之官"看成"大体"，将"耳目之官"看成"小体"，认为"耳目之官"直接与外在事物接触，所以常常被外物所蒙蔽、所戏耍，人走向邪道都是从"耳目之官"开始的；而"心之官"是理性，是仁、义、礼、智，具有把控"耳目之官"的能力，即它可以使"耳目之官"不跟着欲望走，将"耳目之官"引向正道。因此，陆九渊也提倡立"大体"，因为"大体"一旦立起来，就不需要担心"小体"的安全了。值得注意的是，在九渊这里，立"大体"有许多不同的方式。

保养灌溉。种植庄稼，要认真护养，要勤于灌溉，勤于施肥，勤于锄草，才会有收获。陆九渊认为，人心好比优良的种子，本来是好的，但要使它顺利发芽、开花，并结出丰硕的果实，如果不能定时浇灌、勤于施肥以护养，是达不到目的的。

自我反省。一个人如果要保持脸庞洁净，就要经常照照镜子，经常清洗，去污除垢。陆九渊说，人心虽然本来就是晶莹剔透、洁白无瑕、圆融无碍的，但也需要时刻反身向内，照察唤醒，看看是否被尘埃污浊之物所污染、所掩蔽，一旦发现问题就立即解决，如此才能保护好本心。

自我主宰，收拾精神。陆九渊认为，一个人如果他的精神为外物所驱使，总在外面忙碌，那么他就是到死的时候也还是劳顿困苦的。相反，如果他能自作主宰，将忙碌在外的精神收拾回来，能认识到耳聪目明是天生的，孝悌是自然而然的，本来就圆融无碍，没有任何欠缺，从而恒于自立，那么，他的本善之心也就可以完整地保存下来了。

陆九渊认为，通过保养、反省、自我主宰等功夫，一个人的本善之心就能够被保存。如此，心中之"理"自然明亮剔透，该发恻隐之心的时候就发恻隐之心，该发羞恶之情的时候就发羞恶之情，该执辞让之礼的时候就执辞让之礼，面对是非的时候，自可了然于心。

就是说，立"大体"实际上就是让人挺立"善在我"之心，并对这个善心自觉地呵护，保持自我检讨、自我反省的习惯，以我为主。而"大体"既立，也就发明本心了。

既然"本心"是内在于人的，所以并不需要借助外部力量或者向外用功，只要自作主宰，收拾精神就可以了。

因此，陆九渊批评那种支离破碎的为学方法和修行功夫："伯敏云：'如何是尽心？性才心情，如何分别？'先生云：'如吾友此言，又是枝叶。虽然，此非吾友之过，盖举世之弊。今之学者，读书只是解字，更不求血脉。且如情性心才，都只是一般物事，言偶不同耳。'伯敏云：'莫是同出而异名否？'先生曰：'不须得说，说着便不是，将来只是媵口说，为人不为己。若理会得自家实处，他日自明。若必欲说时，则在天者为性，在人者为心，此盖随吾友而言，其实不须如此，只是要尽去为心之累者。'"

陆九渊告诉他的学生李伯敏，性、情、才、心等都是一个东西，只是以不同的"名称"表现而已，养心就是尽性，而不是这里养个心，那里尽个性，如果是这样，便是支离破碎，便是性、情、才、心不贯，最终还是不能护养好"本心"的。

剥落与减担

陆九渊认为，"本心"是灵通的，也是善的，但却不能显露于世，不能彰显于人的生活实践中，其中的原因就是被"物欲"所蒙蔽："夫所以害吾心者何也？欲也。欲之多，则心之存者必寡；欲之寡，则心之存者必多。故君子不患夫心之不存，而患夫欲之不寡，欲去则心有自存矣！"

既然"心"为"物欲"所蔽所害，那就应该努力地去除"物欲"。陆九渊提出用"剥落"的方法去除"物欲"。

剥落一层，就离清明近一步，每剥落一次，就近一次，这样坚持不懈地剥落下去，直至剥落最后一层，"本心"最终就会显露出来。

陆九渊认为，本心丧失的另一种原因是"意见"。这主要是针对贤达之人、智慧之人讲的。在九渊看来，贤达之人、智慧之人都是拥有很高的社会地位和丰厚的物质财富的，所以他们不会因为"物欲"而丧失"本心"。他们丧失本心的原因是因为俗论邪说，因为争论，意见不统一，相互攻伐。对于这种原因应采取什么办法呢？陆九渊又提出了一个"减担"的工夫。

据说有一种以负载为工作的虫子，由于贪欲太旺盛，在它的身体已经负担不起的时候，还要到处搜寻"什物"往身上堆积，结果累得寸步难行，最终被活活压死。

九渊认为，智者、贤者就好比这种负载"什物"的虫子，将明明白白、简单易行的儒家道理复杂化。比如，"弟子入则孝，出则悌"，讲的就是当你回到家时就要孝敬父母，出门在外时就要敬爱兄长，根本不需在《传》《经》中去搜来搜去，可是，有些学者沉湎于此，在经书中翻来覆去地穷索、寻找，结果弄得自己筋疲力尽，担子越来越重，最后根本就不知道究竟什么是孝、什么是悌了。

因此，陆九渊说，到他这里，所要做的功夫就是给人减去负担，教人不要沉湎于经书之中，不要浸泡在意见之中，不要沉迷于欲望之中，因为那样会使人走向迷途，自然也就找不到"本心"了。

静坐修养

陆九渊曾跟随张禹锡学习过静坐法，而他成年后对"本心"丧失原因的理解，很自然会想起静坐法的价值。按照九渊的观念，人都有本善之心，这个本善之心是天然自成、不需要外求的，因而保护、存养这个本善之心，可以采取反身向内以发明"本心"的方法。

怎样才能反身向内呢？陆九渊认为，静坐就是一种很有成效的办法。什么叫"静"？一念不生叫"静"；什么叫"坐"？寂然不动叫"坐"。道家的静坐法就是：正身寂定，万缘放下，四大全空，寂然不动，一念不生时，以达到"虚极静笃"的境界。

佛教静坐法则是：一心守住两目间，一无所守，只摄心在内，不向外驰，久之自有妙用。

儒家的静坐法是：无思无为，寂然不动，即可感而遂通天下。

概括说来，静坐法就是要求人反身向内、心静身静，无思无为，不具一念，如此便可使本心纯莹。也就是说，静坐法对于护养、发明本善之心，的确是有很大用处的。九渊于静坐法不仅自己身体力行，而且要求学生践行静坐法。

陆九渊曾对学生詹阜民说，如果平日没有什么事情，闭目养神也是不错的修养方法。詹阜民便听从老师的教导，无事时便安坐一处，闭目养神。

有一次詹阜民练习静坐，持续发力，不分白天黑夜，竟静坐了半个多月。随后走下楼去，顿时觉得内心恢复到从前的晶莹澄明之境界，感到非常诧异。

于是，他带着这种神奇的体验去拜见陆九渊。九渊见面便对他说："你心中的理已显现了。"詹阜民大吃一惊，问九渊："先生您是怎么知道的？"九渊说："是你的眼睛告诉我的。"并继续问詹阜民："道是不是就在身边？"詹阜民回答说："的确如此。"可见，静坐法也是九渊静养本心之法、发明本心之法。

三、为学只是为做人

一般而言，人只要健康地生活在这个世界上，那么他就是在做人。可是，陆九渊一生中，反反复复强调做人，这说明在他眼里，有的人虽然活着，但谈不上是做人，因为他苟且，他贪婪，他畏缩，他背信弃义，他过河拆桥，他见利忘义，他见死不救，他见贫不扶，这种人虽然活在世上，甚至拥有富裕的物质生活，但陆九渊并不认为这种人是在做人。

陆九渊讲做人并不是随便的议论，而是以他的"心学"为基础的。他所讲"本心"，就是内在于人的先天的善性，是良知、良能，是判断自己，也是评价别人的准则。由于"本心"乃人所先天具有，所以做人需由"本心"规定，这是人之为人的根据。可是，因受物欲、意见等外在因素的引诱与刺激，人往往难以根据"本心"而行，甚至违背"本心"而行，所以需要存心养心。如此，才能真正做一个人。

为学只是为做人

求学问道究竟是为了什么？并不是所有人都清楚明白，有些人忙忙碌碌一辈子，最终还是没有搞清楚。而某些清楚明白的人，他们的目标却仅仅是功名利禄、荣华富贵。他们之所以为学求道，并不在于为了提升自己，而在于在众人中张扬，让人羡慕。

陆九渊认为，为学求道首先应该认识到义利公私之辨，而认识到义利公私之辨，就是要告诫人们不应为了谋求"私利"而弃置"公义"。"公义"乃天之所命，也就是"公事"，也就是人道。一个人生活在世上，上是天，下是地，人居其间，做人应做之事，应该尽人道，坦坦荡荡、顶天立地。这样才不枉来此世间一趟。即使是不认得一个字的人，也必须堂堂正正地做个人。因此，做学问、钻研真理，自然更应该是为做人。

陆九渊有个学生，名叫李伯敏，有一次读书读得头昏眼花，就不想读下去了，便来到陆九渊这里求教。

九渊问他："你读书的志向是什么？"李伯敏回答说，希望通过读书做得一个人，不过，常常需要提醒自己不要忘了防备约束。九渊告诉他，既然知道为学就是为了做人，怎么还需防备约束呢？做人就是坦坦荡荡，根本就不需要什么防备，也不需要什么约束，所以说你李伯敏还没有完全理解"为学就是为了做人"的道理。

陆九渊告诉李伯敏说，为学不是把握执着，而是立己，是要自昭其明德，也就是要知道为学是为了做人，既然知道了这个道理，就无须用心于那些枝叶之事，只要立"大体"，只要求放心就可以了，而在生活中做好你自己就行了。

做人须立"公义"之志

为学就是为了做人，而做人必须立志。这是陆九渊的基本逻辑。然而，为什么要立志？又应该立什么志呢？

可以说，陆九渊把辨志看成教学的第一要务。他教学生的第一堂课就是辨志，最后一堂课还是辨志。据记载，陆九渊给学生讲课，从年头讲到年尾，都是教学生辨志。

首先是要立志。陆九渊认为，儒家之道并不难理解、把握，但由于没有人以儒家之道为志，所以还是没有着落。因此，人一定要立志。如果一个人没有任何志向、抱负，那他真是枉为人身。

可是，有了志向并不一定就能成功，还需要有正确的方法。如果一个人有了志向之后，就拼死拼活地四处求索，这样反而劳而无功，就会出现"立了志的人不如没有立志的人"的尴尬之事。

辨志、立志固然重要，但并不是什么"志"都可以立，立志还要讲究"志"的性质。正如他所批评过的，如果一个人立的"志"不是圣贤事业，而是功名利禄、富贵荣华，那么他就会从俗浮沉，与时俯仰，徇情纵欲，汩没而不能以自振。这样的"志"还不如不立。

因为，志向不纯会导致比志向不立更严重的后果。这个后果就是假窃附会，蠹食蛆长于经传文字，沉湎于其中而不能自拔；就是钻营私利，侵犯他人，化人之利为己之利，从而损害人人之间的关系；就是图谋不轨，为非作歹，为害社会；所以，做人需要立志，而立志就是要立健康的"志"。

做人必须勇于担当

陆九渊认为，做人除了立志之外，还要勇于担当、严于自律。一个人如果松松垮垮，懒散无束，缩手缩脚，他还是做不了人。

一个人有了过错，应该主动去纠正，而不能依靠他人；一个人见有善德，应该主动去迁近，而不能依靠他人。所以，自我主宰，自我担当，收拾精神，就不会被外物所动，不会被名利所役。对于外物的刺激需要自律、担当精神，对于内在道德良心，也需要彰显、尽情释放。如果不能彰显自己内在德性，那就是自我践踏，自然也就不能表现出担当精神。

孔子讲"为仁由我，而由人哉"，孟子讲"富贵不能淫，威武不能屈，贫贱不能移"，可见，自律、担当是儒家一贯的精神传统。因此，那些在生活中逃避责任的人，是有愧于陆九渊提倡的担当精神的。

总之，陆九渊的"心学"，就是做人之学。他"本心说"的最大特点就是强调践履，强调人的品行落实到实践上、行为上，考察一个人的品行也要以他所作所为为根据；与这个"本心说"相配的"发明本心"之修养方法，是教导人如何免去利欲的消极影响，使自己得以保持好的德性，并将内在于心的善体现于生活中。所以，陆九渊"本心说"的精髓就是要求人做好自己、做有"本心"之人。可以说，陆九渊的"心学"就是人学，是教导人如何做人的学问，是生命的导师。

第7章

陆九渊与王阳明

在宋明新儒学的谱系中，与程朱理学对应或抗衡的是陆王心学，"王"即是明代的王阳明。陆王心学之称谓已经明示了陆九渊与王阳明思想的关系。而王阳明自己的一些话，也再清楚不过地说明了他的学说与陆九渊思想的密切关系。

王阳明说："象山之学，简易直接，孟子之后一人。其学问思辨、致知格物之说，虽也未免沿袭之累，然其大本大原，断非余子所及也。"这段话有两层意思，一是说陆九渊的学问简单明了、直截了当，可以说是孟子之后第一人；二是说陆九渊在学问思辨、致知格物方面，虽然存在不足，但在大本大原上，并无人可超过他。

在王阳明心目中，周敦颐、程颢之后，就数陆九渊了。王阳明甚至说，哪怕把天下人都得罪光了，他也要极力宣扬陆九渊的学说。可以想见，王阳明不仅肯定、表彰陆九渊之学，而且以继承陆九渊之学为荣。陆九渊之学与王阳明之学关系究竟怎样呢？我们分四方面加以考量。

一、从"六经注吾"到"六经具于心"

陆九渊具有批判精神。他认为，做学问一定要善于问疑，如果一个人整天地在那里学习，却提不出任何问题来，那这种人的学问是不会有长进的。所以他说，对于为学的人来讲，最担心的就是没有疑问，有疑问才会有进步，而且，疑问的大小与学问的进步是成正比的，有小疑问只会有小的进步，有大疑问才会有大的进步。

人们为学，是离不开书本的，但确立怎样的态度却是至关重要的。陆九渊的态度是，不能不读书，但又不能全信书，如果一个人完全信服书本，没有任何怀疑，那还不如没有书，因为对书本的完全信任，一方面可能被书本所迷惑所欺骗，另一方面则会丧失人的主体性，人对于书本中的思想应该有自己的判断，对于书本所讨论的问题，应该有自己的观点。

一般而言，儒家六经，向来被奉为金科玉律，是日常生活中的真理，是万事万物的准则，是不能有任何怀疑的。但陆九渊认为，一个人为学如果能把握根本的东西，那么六经只不过是我们观点或主张的注释而已。

对于一件事的是非对错，陆九渊认为，要看这件事合"理"与否以及合"理"的程度，如果合"理"就依"理"为准，如果有合"理"多和合"理"少的，那么就应该根据合"理"多的而作判断，不能看这件事所涉及的人是谁。

可以说，在南宋时代，陆九渊能发表这些思想或观点，显示了他人格的卓尔不群、伟岸挺拔。庆幸的是，他的这些思想和品质竟然还有人肯定和继承，这个人就是王阳明。

王阳明对陆九渊怀疑、批判精神的继承，不再仅停留在学问传教范围，而是深入思想的本体。王阳明认为，君子论学，关键要看是否从心中获得。多数人都认同、赞同的，但如果求证于心却与心不符，就不能跟随多数人的意见而赞同它；多数人不认同、不赞同的，但如果求证于心而与心完全相契合，就不能跟随多数人的意见而否定它。也就是说，学问的是与非，跟肯定或否定人数的多少毫无关系，只与同人心是否相契有关。

在传统社会里，学术上的言论是对是错，通常的根据是看其是否符合孔子讲过的话，符合孔子讲过的话，就可以认为是对的，反之，则认为是错的。但王阳明将这个标准进行了改变。他认为，一种言论如果求证于心是错的，那么即便这种言论出自尧舜孔孟，也不敢肯定它是对的；一种言论如果求证于心是对的，那么即便这种言论出自凡夫俗子，也不敢肯定它是错的；至于那些不及孔子的人的言论，更无从说起了。

因此，六经没有必要搞得那么神秘，只不过是记载我们"心"活动的典籍而已，六经实际上在每个人心中，为每个人心所具。至于孔子，是被尊奉的圣人，是不能被批评、被谩骂的，更不能说每个人心中有孔子。不过，王阳明偏要说，每个人心中有仲尼。孔子不过如此，没有必要被神化。

很清楚地看到，王阳明对陆九渊的怀疑、批判精神是有继承的，但王阳明走得更远，也更彻底。王阳明这里，"心"成了怀疑、批判思想的根据，这个心实际上就是"理"、就是"良知"，只有到王阳明这里，"心学"的怀疑、批判精神才真正确立起来。换言之，在王阳明这里，其怀疑、批判精神是以他的"心学"为理论基础的。

二、从"心即理"到"心即理即良知"

在陆九渊这里,"心即理"是一核心命题。陆九渊所讲的"心"和孟子所讲的"心"基本上是一样的,就是能主宰感官的理性,就是仁、义、礼、智四端,就是本心。这个"心"是天赋予人的,是天生的,这个"心"也是人人所具有的,但每个人"心"中都有"理",所以说"心"即是"理"。

陆九渊接着就"心"和"理"的性质作了说明。他认为,"心"是灵秀的,"理"是透明的,二者相得益彰。

"理"往来于宇宙世界,不会有任何障碍;如果有所障碍,那是因为人自己沉埋、自己蒙蔽的结果。"理"充塞宇宙,万事万物都不能违逆,都必须遵循"理",如果有人违逆这个"理",就必将遭到凶险,反之,如果顺从、遵循这个"理",就必将大吉大利。"理"是客观存在的,它既不会因为人认识它与否而增加或减少,也不会因为人实践它与否而增加或减少,它就是它自己,不会因为人的原因而有所改变。

虽然"心"和"理"可分别讲解它们的性质,但从根本上讲,"心"与"理"就是一个东西,它们是不能分割的。陆九渊说:"盖心,一心也,理,一理也。至当归一,精义无二,此心此理,实不容有二。"可见,陆九渊这里,其本体是由"心"与"理"合作构成的,是二元为一的道德本体论。

这种二元为一的道德本体,在有些人看来,是存在巨大漏洞的,其一就是仍有"理"在"心"外之嫌,其二就是缺乏自我认知、自我把握的预设。王阳明就是这样看的。他认为,"心"的本体地位可由"心"与身、理、良知三者关系确立下来。

从"心"与身的关系看，"身"是指耳、目、口、鼻、四肢等，这些东西都是占据一定空间的，所以充塞处可称之为"身"；但"心"是不占空间的，可是它具有主宰的能力，所以主宰处可叫"心"。

从"心"与"理"的关系看，"心"是虚灵不昧的，"心"一旦具备了众理，万事就从中而出，"心"外不可能有"理"，"心"外不可能有事。

从"心"与良知关系看，"心"的虚灵明觉，就是本然之良知。其所谓虚灵之良知当应感而动。也就是说，保护本有的良知，不要混淆良知的其他功能。

既然"身""理""良知"都是为"心"所具有，那么它们只不过是异名而已，意思却只有一个。正如王阳明所说："在物为理，处物为义，因所出而异其名。其实皆心也。心外无物，心外无事。心外无义，心外无理。"在王阳明看来，世界上有物、有事、有义、有理，但它们都不在"心"外，都在"心"中。

这样，在王阳明这里，心学本体虽然以"心"为本，但通过对"身""理""良知"三者关系的论证，已经大大地扩充了内涵，"心""理""良知"被王阳明创造性地组合在一起，使心学本体从陆九渊的"心即理"之二元一体的道德本体转向"心即理即良知"之三元一体的道德本体。

三、从"知先行后"到"知行合一"

"知""行"关系是宋儒关注的问题之一，陆九渊也不例外。陆九渊虽然没有深入研究过知、行关系问题，但他还是有比较完整的意见表达。他曾说，如果一个人学习了而不能领悟，请教了却还不能理解，思考了却还是没有收获，辩论了却还是不能明白，那他怎么可以去行动呢？即便去行动，又如何行动呢？没有学、问、思、辩的行动，只能是黑夜里走路，瞎撞罢了。

可以想见，陆九渊在知、行关系上，是主张有充分思想准备、有充分认识前提下的行动，认为没有认识上准备的行动，是盲目的行动。正如孔子讲过的，那种徒手与老虎搏斗的人他是不会与之为伴的。

陆九渊还把认识理比作"乾"，实践理比作"坤"。因为一般而言，"乾"为太始，所以说"知"在先，"坤"为成物，所以说"行"在后。这样，陆九渊对"知"的重视显而易见了。他反对在没有知的情况下的实践，主张知在先、行在后。但既然知在先、行在后，其分知分行的痕迹相当明显。

王阳明认为，陆九渊在知行关系上的最大毛病，就是分知分行。因为在他看来，知、行应该是一体的。王阳明提出"知行合一"，并不仅仅是因为陆九渊存在分知分行的问题，更重要的是分知分行在当时的学者中间，竟然是一种普遍的现象。

他曾说，现在有些人做学问，由于将知、行分作两件事，所以即便有一念发动，而且这个念不是善的，可以因为这个念并没有付诸实践，就不主动去禁止，结果当念头付诸实施时，又后悔莫及。因此，王阳明提出"知行合一"，正是要人们明白一念发动处就是行，如果知道了发动处有不善，就应该立即将这个不善的念头加以抑制，以做到"防于未萌之先，而克于方萌之际"，要人们做到"静时念念去人欲存天理，动时念念去人欲存天理"。

可见，"知行合一"对王阳明来说是相当重要的，而要人们相信、接受并实践知、行是合一的，动之以情是不够的，他还要晓之以理。就是说，王阳明还必须对知、行合一进行理论上的论证。

王阳明将"想吃东西的愿望"比作"意"，将"吃东西的行为"比作"行"，认为"想吃东西的愿望"，也就是"吃东西行为"的开始。在这里，王阳明充分利用"想吃"之念头和"吃"之行为之间的顺延关系，并将这种关系现实化，从而提出"欲行之心即是意，即是行之始"的观念。既然"想行之心就是意，就是行之始"，那也就是说"知"和"行"是一体的。

王阳明又拿病痛、饥寒作比喻。他说，一个人之所以知道自己身体哪个部位痛，是因为那个部位已经有痛了；一个人之所以知道身体很寒冷，是因为他的身体已经受寒了；一个人之所以知道自己肚子饿了，是因为他的肚子已经饿得咕咕叫了。所以说，有了"行"便有"知"，"知"和"行"是分不开的。这就是知、行关系的本体。

王阳明还认为，由于"知"和"行"各自具有特殊的功能，它们的不同功能让它们必然结合在一起。"知"的特性是明觉精察，而"行"的特性是真切笃实，这样，"行"中明觉精察便是"知"，"知"中真切笃实便是"行"。可见，"知"和"行"实际上是你中有我、我中有你的，是合一的。

所以说，"知"是"行"的主意，"行"是"知"的功夫，"知"是"行"的开始，"行"是"知"的结果。从融合的角度看，只说"知"时，便自有"行"在，只说"行"时，便自有"知"在。所以，"知""行"当然是合一的。

王阳明从不同角度向人们解释了"知行何以合一"，从而解决"分知分行"的问题，并进一步要求人们认识到，念头上有了恶就需要把它当作"行"对待，所谓"一念发动处便是行"，而且采取行动努力将这个"恶"消灭。所以，王阳明提出"知行合一"论是有道德上的价值的。

四、从"致知格物"到"致良知"

陆九渊对于"格物致知"有这样的解释。他认为，"格"就是"至"的意思，与"穷""究"等字同义，就是研究、琢磨、考究以达到最精的认识。学生李伯敏问他：什么是"格物"？他回答"研究物理"。

陆九渊的"格物"与朱熹的"格物"是不同的，朱熹所考究研磨的是"心"外事物之理，至少是道德伦理规范。但陆九渊所格的"物"是心中的私杂之念。所以陆九渊的"格物"又可以叫减担。

良知就是本心，是先天的，是不需要考虑便可知道的，是不需要学习便可获得的，这也就是人心的本体。古代人都想使好的德行光辉灿烂，闪耀天下，都在于求得这个良知，而求得这个良知，又在于格物。

看起来，陆九渊对于"格物致知"的确没有什么很深入的讨论，而且有些不通透处，正如王阳明所说："致知格物，自来儒者皆相沿如此说，故象山也遂相沿得来，不复致疑耳，然毕竟也是象山见得未精一处，不可掩也。"

不过，陆九渊对"格物"之"物"内容的规定，即通过减担功夫达到致良知的方向，却是王阳明所赞同并发扬的。

如前所述，在王阳明这里，心、理、良知是一体的，所谓"吾心之良知，即所谓天理也"，也就是说，良知就是本体。

作为心之本体的良知，其对道德具有天生的觉悟，一个人看见父亲自然知道尽孝道，看见兄弟自然知道尽悌道，看见小孩子掉入井下自然生恻隐之心，这是自然而然的道德情感，是不需要从心外学习的。

作为心之本体的良知，是造化的精灵，它能生天生地，也能成鬼成帝，世上没有什么物有资格可与它比拟。在西方宗教史上，我们知道上帝是万物的创造者，王阳明的"良知"当然不是上帝，但"良知"却拥有上帝的本领。

作为心之本体的良知，是判断善恶的根据。生活中的是是非非、善善恶恶是比较难以判断的。王阳明认为有个绝佳的办法，那就是用"良知"去判断。王阳明说，"良知"是每个人自家的准则，人人心中的"良知"完全可以告诉他什么是善、什么是恶。如果一个人说他不辨善恶，那他是自欺欺人，是昧着良心说话。不难想见，王阳明的说教实际上就是想提升人们对善的信念，提升人们对道德的责任。

不过，能造万物、能辨善恶、能觉悟美德的良知，却是常常发挥不出自己的能力，反而被遮蔽："知得善，却不依这个良知便做去，知得不善，却不依这个良知便不去做，则是这个良知被遮蔽了。"被王阳明寄予厚望的"良知"出了这么大问题，这不能不让他心急如焚、寝食难安。

王阳明首先分析了"良知"被遮蔽的原因。在他看来，作为心之本体的"良知"永远是光明剔透的，是不存在遮蔽不遮蔽问题的，"良知"之所以被遮蔽，是因为欲望为之蔽，是因为习气为之害，所以，去掉"蔽"和"害"，也就等于去掉欲望和习气，而去掉欲望和习气，只能从"心"中除去。

因此，恢复"良知"便不是无事可做，而是有很多实际且繁重的工作要完成的。而所谓恢复"良知"就在于"格物"。

所谓"物"也就是事，凡是人的意念所发处便是事，而意念所在之事便是"物"；而所谓"格"，就是"正"的意思，纠正那些不正的事理使之归于正就是"正"的功夫。纠正那些不正的事理，是去恶；使不正的事理归于正，是为善。

如此看来，王阳明也是将恢复良知的任务放在"格物"上，而"格物"格到极处，还是根据良知的判断去恶存善。具体来讲，就是根据良知所知之善，即人的意念所在之物而实做之，而且永不停息；根据良知所知之恶，即意念所在之物而实去之，而且永不停息。这样才能做到"无物不格"，而良知所知的事理，也都没有任何亏缺障蔽，"致良知"功夫也就到最高境界了。

按照王阳明"致良知"在于"格物"的解释，按照王阳明施展"格物"的功夫，那么，"为善去恶"是不在话下了。所以王阳明将"致良知"视为自己根本的学问，实在情理之中："吾教人致良知，在格物上用功，却是根本的学问。"

陆九渊与王阳明，合称"陆王"，乃宋明心学一系主要代表人物。他们强调"心"为本，万事、万物、万理都在"心"中，"心"是至善，晶莹剔透，完满无缺，圆融无碍，这样，为善去恶、成圣成贤都必须从"心"开始，人尽显其完满本善之心、挺拔其高明爽朗之风，释放其纯粹和美之德，完全在自我的把持。可以说，这是陆王心学的精髓。

第 8 章

地 位 与 影 响

与朱熹理学比较，陆九渊的心学更为简明，更为直截了当，更为重视实践，因而九渊没有给后人留下巨制大著，没有留下难以数计的文字。九渊心学的奇迹和精彩不仅表现在儒学发展史上，而且表现在学术研究上；不仅表现在道德伦理上，而且表现在现代实践上。

一、儒学之新发展

2002 年，江西金溪县建造象山书院，笔者应邀为象山书院题词：特立独行标心学开儒门气象显醇儒本色，鞠躬尽瘁治荆门成儒家事功展大儒风采。"开儒门气象"，就是说九渊心学在儒学发展史上的划时代地位。

儒学发展至有宋一代，经由欧阳修、孙复、石介、胡瑗、王安石、李觏、周敦颐、邵雍、程颢、程颐、张载等儒者的努力，已逐渐恢复它的元气，儒家思想逐渐走向前台。然而，经由汉唐的式微，经由佛老的侵扰，既给宋儒很大刺激，又给他们许多灵感，他们需要考虑儒学如何开展的问题。陆九渊正是在这个问题的思考与探索中，开辟着儒学发展的新方向。

儒学本体论。儒学哲学意义的本体论至有宋一朝才开始。周敦颐提出的"无极而太极"是宋代新儒学本体论之滥觞。紧接着有张载的"气"本论，程颢、程颐兄弟的"理"本论。朱熹后来主要继承了二程的"理"本论，并使"理"本论成为儒家在宋代的主要的本体论学说。而陆九渊很有独立精神，不人云亦云，他既没继承张载的"气"本论，更没附和程、朱的"理"本论，而是别具匠心，独辟"心"本论。

九渊"心"本论代表性表述有："万物森然于方寸之间，满心而发，充塞宇宙，无非此理。"这是讲"心"是唯一的、绝对的，万物、万理皆由"心"生；既然万物、万理皆由"心"生，所以说："宇宙便是吾心，吾心即是宇宙。"这是讲"心即万物，万物即心，心与万物为一体"；既然"理"从"心"中出，所以说："人皆有是心，心皆具是理，心即理也。"简言之，"心"本论即言"心"是万物之源、万事之源、万理之源。而这种"心"本论将孔孟儒学往前推动了一大步。为什么这样说呢？

孔子讲"为仁由己"，孟子讲"人之有四端，犹其有四体"，就是说，孔孟儒学既彰显人的道德主体性，又强调善在人之内心。无疑，对道德主体的肯定与对善在内"心"的信念，都被陆九渊完整地继承下来。

不过，"心即理"之本体论给我们的惊喜不在于九渊如何继承了孔孟的思想，而在于如何发展了孔孟的思想。

陆九渊认为，"心"是良知、良能，是恻隐之心、羞恶之心、辞让之心、是非之心，是仁、义、礼、智，是善，它的根本特点是主体性。

而"理"是天地万物的总规则，它是万能的，能造就无穷无尽的变化，也是独立的，既不会因为人的认识状况而改变，也不会因为人的行为状况而增减，"理"还是公平的、无私的，是完满无缺、晶莹剔透的，即是善。但"理"的根本特性是客体性。

从性能上看，在陆九渊的心目中，"心"和"理"是相同的。不过，陆九渊的独创性就是借助佛教的智慧提出"心即理"的命题。

这个命题放在儒家思想系统里，那可是具有非常深远的意义的。因为孔孟从未说过"心即理"，也就是从未考虑过内在心性与外在道德规范统一的问题。而"心即理"却不声不响地将二者拉在了一起。

"心即理"，就是说心外无物，但心外无物不是说心外边没有实际的事物，而是说心外边千千万万的事物都在心中；而千千万万的事物都在心中，并不是说这个心要将千千万万的事物都吃下吞噬掉，而是说作为一个人，他的心应该时刻装着宇宙内之事，关心、关怀它们，执行、完善它们，并且要勇于担当任何突发事件的责任。所以，"心即理"实际上是将传统儒家的忧患意识、关怀意识从哲学本体的角度提升了一大步。

"心即理"，就是说心外没有自然界的规律，而心外没有自然界规律，不是说自然界没有自己的规律，更不是说心中可以生出规律来，而是说作为一个人，他的心应该充分发挥其主观能动性，去认识这个规律、把握这个规律。所以，"心即理"实际上将传统儒家的认知、把握宇宙规律、万物规律的意识从哲学本体的角度提升了一大步。

"心即理"，就是说心外没有道德原则和道德规范，而心外没有道德原则和道德规范，不是说生活中不存在道德原则和道德规范，也不是说道德原则和道德规范全都隐匿于心中，而是说作为一个人，他的心与道德原则是直接同一的。他没有理由说他不了解道德原则，更没有理由违背道德原则，因为违背道德原则也就是违背了他自己的"心"。如此，任何人信奉"心即理"，也就必然自觉地遵守道德规范、实践道德原则。所以，"心即理"将传统儒家关于道德自觉的意识从哲学本体的角度提升了一大步。

上述所讲每提升一大步，同时也是在儒家思想理论的新拓展。因为自觉地从哲学本体论上讨论儒家的忧患意识、掌握规律意识、道德自觉意识，都将给儒家思想开辟广阔的空间。

从实践上讲，"心即理"命题也是意义非凡。因为"心即理"意味着诸般道德伦理与"心"是一，在理论上实现了仁、义、礼、智、信等诸般道德与内在心性的同一，在实践上警示人们履行道德完全是自我的行为，从而杜绝了人们不履行道德的托词。

"心即理"意味着"心"不仅具有觉知功能，其本身即是善体，成为人们身体里善的种子，从而成为人们做善事的根据，成为鼓励人们行善的勇气。因为有了这种双重特性，儒学在理论上可以由内在自由和外在命令两个方向拓展，而在现实生活中，儒家思想似乎也找到了努力的方向。

如此看来，陆九渊"心即理"命题的提出，的确给儒家思想的开展带来了新的气象，心学的"气象万千"在王阳明那里是绝佳的注脚。

儒学修养论。 就儒学而言，孔孟那里，就已有比较成熟的修养理论和修养功夫。所谓"为仁由己"，"克己正身"，"内省吾身"，"反身而诚"，"养浩然之气"，立"大体"，"养心莫善于寡欲"，"慎独"，"格物致知"，等等。不难看出，儒家修养理论与修养功夫的最大特点就是强调主体的自我主宰。但显然，其理论上的完善还是不够的。

陆九渊的修养论与其本体论是完全一致的。心外无物，心外无理，所以无须向外求索；心是善，心是良知、良能，所以尽心即可显本性。换言之，九渊的修养理论与修养功夫具有一致性，可用"发明本心"概括，正是这四个字开辟了儒家修养理论与修养功夫的新气象。

"发明本心"意味本心即善，如果本心不是善的，就无须去发明它；而发明这个本心，不是说在这个本心上加上善，而是使这个本心之善释放出来，让人们分享到这个善的光辉。

"发明本心"意味着向内用功。既然"本心"即是善体，人的善根内在于"心"，因而要体认到这个善，就应切己自反，向内用功，而不应为外物所役，见异思迁，成为外物的奴隶，从而迷失自我。因此，向内用功是"发明本心"的根本方向。

"发明本心"意味着立"大体"。孟子有所谓"大体""小体"说，所谓"大体"就是指"心"，所谓"小体"就是指"感官"。孟子认为，耳、目、鼻、舌等感官是直接与外物打交道的，所以容易被物所蔽；"心之官"是理性，可以思考，可以把握住感官，因此每个人应该先挺立"心之官"，"心之官"一旦挺立起来，"小体"即感官也就被把握住，就不会被名利声色所引诱。

陆九渊继承了这一思想，"反明本心"就是要立"大体"，就是要让具有理智力量的善心做主宰，使人充分享有道德上的自由，以达到行善便是成就自我的境界。

"发明本心"肯定主体、高扬主体、信任主体，同时也是主体的自我觉悟、自我约束，从而将儒学道德主体意识加以丰富和拓展。

"发明本心"就是使道德本体与道德修养功夫结合起来，成为一体。这样，孔孟时代提出的修养功夫，都具备了它的本体论根据，那些修养方法不再是零散的部件，而是儒家修养思想体系中的有机内容，是道德生命的流行，是儒家智慧的繁殖。同时，对于儒家修养理论与修养功夫的讨论，也可从陆九渊这里找到新的生长点。

总之，陆九渊对于儒家思想发展的意义，就是开辟了"心学"路向，将人的主体性与自由进一步释放，不管是道德生活的完成，还是儒家思想的开展，都直接诉诸人的本心。明代阳明学的产生和发展正是对九渊开辟儒学新方向的具体诠释。

二、学术之新贡献

在儒学经典不能置疑、儒家思想因循守旧的背景下，陆九渊首创"心学"路向，已是学术上的重大贡献。这种重大贡献的具体表现，则是多元开明的学术观、理性健康的经典态度、特立独行的怀疑精神，以及"求真务实"的学术风格。

有些学者通过考察陆九渊与朱熹的辩论，认为陆九渊在学术态度上比较狭隘、比较偏激，这实际上是对陆九渊学术态度的极大误解。

因为陆九渊在学术上所持的是"兼容并包"的态度。在中国学术思想史上，佛教一直被视为"异端"，九渊身为儒者，却力言"释非异端"。极力论证佛教的学说特征，以确立其三大学问之一的地位。由此见得九渊在学术上的宽护态度。

对于一种学说进行评判，是学术活动中的基本内容，任何一位从事学术研究者，都免不了对其所面对的学说或教派给予评判。关键的问题是怎样进行评判，以什么标准进行评判。陆九渊标举"心学"以拓展儒学新方向，他必然对异于己的其他学说给予评判。

陆九渊的判学原则，不是以圣人为标准，不是以学说的名气为标准，而是以"理"为标准。因此，判断一种学问的是非，以"理"为准，凡合理者则为"是"，则可吸收；反之则为"非"，则可抛弃。

比如，他对儒、佛、道三教的评价，不像其他学者囿于某个道统，而是畅游于佛、儒、道三大学问之间，以"理"为准，择其所需，从而建筑起严谨精深的心学体系。因此，佛教有合"理"者则为"是"而吸取，儒学有背"理"者则为"非"而抛弃。

九渊"唯理是准"的原则，有助于千余年来以孔、孟是非为是非陋习的破除，从而为儒学真理的发展开辟了空间，为容受不同文化思想提供了较合理的价值原则。佛教也正是在这一价值原则的庇护下，在心学世界找到了存在发展的空间。

从事学术研究，很难绕开经典，所以任何研究者必须面对经典，必须拿出对待经典的态度。陆九渊当然也不例外。不过，陆九渊对于经典的态度，却是很有独到之处的。

陆九渊"心学"的核心观念是"心即理"，这意味着修身养性、提升道德品质无须向外求索，只要将内在的本善之心发挥出来即可。所以，经书虽然不可不读，但绝非主要的、根本的。比较而言，"尊德性"比"道问学"更加重要。因此，经书对于陆九渊而言，只是承载思想精神的载体。

而就经书本身而言，陆九渊认为，从古代传下来的经典并不都是完整的、可靠的，因为一部经典出来之后，先是有师友的阅读、钻研、删改，后又历经不同时代学者的解释、赋义，使经典的面貌一变再变，从而使经典正伪相杂、纯疵相混。由于经典存在真伪难辨的问题，所以阅读经典不能泛滥，不能草草了事，而要仔细玩味，深入研读，要从血脉上读书。虽然不能完全抛开经典，也不能完全信赖经典，而要有自己的判断。如果完全相信经典，就可能沉迷于经典之中，就会被经典牵着鼻子走，就会迷失方向。

在儒家思想史上，具有怀疑精神的学者并不多，特别是对于孔子、对于儒家思想提出质疑和挑战的更是凤毛麟角。陆九渊就是少有的具有这种怀疑精神的人。

陆九渊特别重视怀疑在问学中的作用，在学术研究中提倡怀疑，在教学实践中鼓励怀疑。陆九渊曾说，为学问道，有疑问，有问题，才会有进步。有小的疑问便有小的进步，有大的疑问便有大的进步。

他怀疑经典，认为圣人的经书也存在缺点、错误。《论语》大概是谁也不敢提出质疑的经典，而陆九渊却说过《论语》中有许多摸不着头脑的话。

他怀疑古人已经盖棺论定的是非，认为一切都需重新评估。比如对王安石的重新评价，就曾掀起一阵波澜。

他怀疑圣人的话，认为圣人的话并不都是放之四海皆准的真理，不能完全用来教导学生，也不可随意采用，而要有自己的独立思考、判断。

九渊为学，如其为人，敦厚朴实、公正无私、光明磊落、顶天立地。比如，他虽然说佛教在时空、在同异关系上不能叫"异端"，但在是非之理上却有"异端"之嫌。他对自己学问与佛教的关系从不隐瞒，是即是，非即非；同是佛教中的教义教理，有价值者，肯定之，反之，则否定之；同是习佛僧人，该批判就批判，该褒扬就褒扬。

再如，他认为不管什么学问，不管出自谁口，都应经过认真研究之后才能下结论。就佛教言，应以弄懂佛教义理思想为前提。所以排佛而不与佛交往，批佛而不读佛经，是不对的；就算佛教邪妄，也应弄清其学问内容，知其所蔽，然后可得而绝之。只从名称上排斥佛教，是徒劳而有害的。如此"求真务实"的学术风格于今之学术界当有切肤之教也。

三、现代之价值

现代社会是一个商业为主导的社会，物质主义、知识主义、利欲主义横行。人与人之间缺乏信任，人与群之间缺乏沟通，人与自然之间缺乏和谐。人们在尽情享受科学技术、经济繁荣带来的快乐的时候，又常常在人生问题上感到迷惘、困惑。在工作事业上感到压力、紧张，在生存交往上感到孤独、无助。特别是快餐主义的盛行，泡沫文化的张扬，让很多人放弃理想、放弃高尚、放弃自我约束、放弃该承担的责任……在这样的背景之下，陆九渊的"心学"是否有值得我们期待的良药或智慧呢？

陆九渊说，每个人都有善性，那是先天内具的，是不可剥夺的，也是人的基本规定，换句话讲，如果你是人，你就已具有"善"，而且，你必须体认得这个善性，必须把持得这个善性，必须挺立得这个善性。就是说，如果在生活中，我们本人的行为有不善，必须主动、立即去根除，不得有任何借口；发现他人不善的行为，必须去制止，而不能找借口推卸或逃避，这是你的本善之心所规定。

反观我们的生活，从高官的贪腐到普通人的偷窃，从敷衍塞责的医师到见利忘义的律师，从短斤少两的商贩到坑蒙拐骗的流氓，他们彻底地将"本心"忘得一干二净。因为仅仅是忘了，所以还可以恢复。这样，九渊的"本心说"就可以派上用场。

可以像陆九渊那样无数次地重复、千万次地呼唤：人人都有本心，本心就是理，本心就是善，遮蔽本心是禽兽，彰显本心才是人。没有人愿意将自己等同于禽兽。这种发自心灵深处的、持续的呐喊必然会收到理想的效果。

当然，有些人在道德才能上显得愚钝，或者天心顽劣，对于这种人，千万不要认为九渊"本心说"很迂腐，不管用，那你就错了。比如，南宋时一位知县捉到一个小偷，他质问小偷：你怎么偷人家的东西，一点羞耻都没有，你的良心到哪里去了。小偷用手在自己身上掏个遍，说自己身上没有良心。知县不跟他纠缠，命令手下将小偷关起来，半个月之后再提出来讯问：你有没有良心？小偷还是故技重演，在自己身上搜索了一遍，还是说自己没有良心。这个时候，知县指使手下将小偷拖到大街上，在人山人海的大街上，命令小偷脱衣服，小偷一件一件地脱，开始还满不在乎，但脱到最后一件内衣时，小偷的手不动了，他哀求道：这样不好吧？这个时候知县得意起来，说，看来你还是有良心的嘛。

良心是人人本有的，对于有些人而言，可以自然地呈现；对于另一些人而言，则只有采取非常手段逼其呈现。

陆九渊说，人生天地间，为人就应该做人事；又说，宇宙便是他的心，他的心就是宇宙（宇宙乃吾心，吾心乃宇宙）。无知者将这个命题解释成主观唯心主义，这真是对九渊思想的极大曲解。因为，这个命题实际上只是表述了儒家思想中的优秀传统精神——"担当与忧患意识"而已。

不过，在现代生活中，有些人责任意识比较淡薄，害怕承担责任，满足于做个旁观者；有些人根本就没有责任意识，玩忽职守，只想着自己的利益。比如，肇事司机逃逸，豆腐渣工程负责人推诿，毒奶粉事件，等等。正是在这些事件中，我们看到陆九渊提倡的自我担当意识的现实意义。

陆九渊所说每个人都应顶天立地做人，要拿得起放得下，对于自己分内的事应全心投入；对于社会之事，也要把它看成自己分内的事，要关心它，要做好它。

陆九渊说每个人都是自己的主人，对于国家、天下之事，都应自觉去担当，不推诿、不责怪他人。

陆九渊并不像道家那样敌视科学文明、物质文明、声色利欲，但他的确认为，科学知识对于人的生命健康成长并不都是积极的，物质文明对人的精神品质的培养并不都是乐观的，声色利欲虽然是人之所好，但对人性的纯洁完整绝对是有害的。所以，陆九渊并不主张人们拼命地求得知识，对于知识要有正确的态度，有的时候，知识多了，反而适得其反。

陆九渊认为人的精神面貌的健康与否，与物质文明的占有并不成正比，值得注意的是，物质文明的增长，可能影响人的精神面貌，甚至有害于人的精神面貌。

对于声色利欲，陆九渊的态度明确并坚决，那就是主张去除。因为在他看来，声色利欲都是对人的生命有害的"恶"，如果不能抑制直至灭除，人会因其而沉沦，生命会因其而失色。因此，他提出了"剥落"的方法，要求每个人以"本心"至上，将声色利欲一层一层地剥去，而成为一个"堂堂正正的人"。

总之，陆九渊的"心学"不仅丰富了儒学发展的方向，不仅坚持了儒学的真精神，更为重要的是它面向生活、面向生命，并由此提出了诸多具有现实意义的思想和智慧。

可以说，陆九渊一生所表现出来的人格魅力和高尚品德，至今仍然是光彩照人的。他在白鹿洞讲学时对科举制痛快淋漓的批判；他在敕局为献官时对于学术对手朱熹的慷慨无私的支援；他在考察南宋社会后对官场腐败入木三分的揭露；他在治理荆门时的勤勉和辛劳，直至鞠躬尽瘁……都是儒家精神和思想的生动写照，都将永远激励和鞭策着那些希望成为真儒的学者！

四、名家评论陆九渊

王阳明

"至宋周、程二子，始复追寻孔、颜之宗，而有'无极而太极''定之以仁义，中正而主静'之说；动亦定，静亦定，无内外，无将迎之论，庶几精一之旨矣。自是而后，有象山陆氏，虽其纯粹和平若不逮于二子，而简易直截，真有以接孟子之传。其议论开阖，时有异者，乃其气质意见之殊，而要其学之必求诸心，则一而已。故吾尝断以陆氏之学，孟氏之学也。"（《象山文序》）

全祖望

"象山之学，先立乎其大者，本乎《孟子》，足以砭末俗口耳支离之学。但象山天分高，出语惊人，或失于偏而不自知，是则其病也。程门谢上蔡以后，王信伯、林竹轩、张无垢至于林艾轩，皆其前茅，及象山而大成。"（《宋元学案》卷五十八《象山学案·序》）

钱穆

"象山之所自负，则曰直承孟子，然不能谓于程门无渊源。象山是当时道学中人物，囿于道学而鄙视儒林，此既与朱子意态各异，又偏颇于明道上蔡，而朱子之学则汇通博大，不仅兼尊二程，同时又尊濂溪横渠，以及康节涑水，而从此跨入经史实学儒林广大之范围。故象山之所是，有时为朱子之所非，然

固能谓凡属象山所是，则必为朱子所非也。"（《朱子象山学术异同》）

"象山哲学彻头彻尾，只是一种人生哲学，象山却不认离却人之德性还有学问。"（《象山龙川水心》）

熊十力

"宋学盖完成于朱子。张钦夫、吕伯恭、陆象山兄弟，则皆与朱子相为羽翼者也。而象山之学，独与朱子有异。……汉以来经师皆不悟心性之旨，守文而已。程朱始究心性，而所见尤未的当。至陆王乃澈悟。世儒不知禅之有合于儒，而疑陆王袭禅法，岂不诬哉。"（《论宋明儒及其五期发展》）

冯友兰

"朱子为道学中理学一派之最大人物，与朱子同时而在道学中另立心学一派者，为陆象山。"（《中国哲学史》下）

"朱陆之哲学实有根本的不同，其能成为道学中之二对峙的派别，实非无故。不过所谓'心学'，象山慈湖实开其端。"（《宋明道学中理学心学二派之不同》）

贺麟

"象山虽注重本心，注重思想，然而他仍与朱子一样地注重理、天理、学问、格物穷理。不过，象山根本认为理不在心外，且比较在行事方面在实际生活方面去问学，去格物穷理罢了。"（《文化与人生》）

方东美

"南宋朱陆并称，灿若双璧，映辉十方。象山则受谢良佐、程颢与孟子影响甚深。二氏皆自命学宗孔子，得其真传。自余观之，其对孔子精神所见，互有出入。朱熹支离孔子之处，固所在多有，具见上章；至于象山，则其果为孔子思想之嫡传否？是犹待考。"（《中国哲学精神及其发展》）

张君劢

"陆九渊是个唯心论者，因此，重视心而否定较高层次之道、形式观念的存在。即便是特色。从根本上看，陆九渊仍然属于儒家，他的观点和佛家毫无关系。陆王学派在朱熹之后，在中国学术思想史上造成巨大的波澜。"（《新儒家思想史》）

唐君毅

"二家（朱陆）之思想之渊源，皆当同溯二程，唯所承之方面有别。后世唯以程朱并称，而不以程陆并称，盖由于朱学之大盛，而宗朱之学者，又皆学术统系意识甚强，并皆知其学统之如何承周张二程而来之故。然象山一路学者，开口自见本心，则此一历史意识，大皆较淡，故亦未能对其思想之渊源，有一较清楚之自觉，或亦知之而故不言，以免学者之多此一闻见之知，口耳之学。"（《中国哲学原论·原性篇》）

"象山之学，则实自始以即心即理之心为本，而非只自耳目知觉以见性。即其'耳自聪、目自明'之言，亦非之为一知觉。因聪、明乃美善之辞，即知觉之合理者也。象山实也未常如朱子以虚灵知觉说心。其言本心皆已连理说，故可单提发明本心为说耳。……象山乃自始以本心一名，兼涵摄朱子所谓性理之义于其中，而朱子所谓虚灵知觉之心，与禅宗所重之此心，原不同于象山所重之心；则朱子之所非者，非真正象山，而唯是其心中所意想之同于禅之重虚灵知觉之心之象山。朱子之所以非其所意想之象山，虽未尝不有其理由；然真正之象山实未尝为朱子所非，而朱子亦实未尝非象山矣。"（《中国哲学原论·原教篇》）

牟宗三

"象山之学并不好讲，因为他无概念的分解，太简单故；又因为他的语言大抵是启发语、训诫语、遮蔽语，非分解地立

147

义故……故谓'孟子之后至是而始一明也'。岂容随便言超过乎？然不得已，仍随时代之所需，方便较量，象山亦有超过孟子者。然此超过亦是孟子之教所涵，未能背离之也。此超过者何？曰：即是'心即理'之达其绝对普遍性而'充塞宇宙'也……至于象山诗尤其警策挺拔，更合孟子之精神。象山学无所受，自谓'因读《孟子》而自得之'。试观象山论学书札，其所征引几全是《孟子》语句，其全幅生命几全是一孟子生命。其读《孟子》之熟，可谓已到深造自得，左右逢源之境。孟子后真了解孟子者，象山第一人。"（《从陆象山到刘蕺山》）

陈荣捷

"论者每谓鹅湖之会，象山主尊德性，朱子主道问学，是以水火不容，形成朱陆二派争论之焦点。当时子静咏诗，诚以注疏支离指朱子。然会议后朱子所关心者乃陆子自信太过。其实朱子重涵养与尊德性，并不弱于象山，象山亦未尝不教人读书。唯朱子格物，必即物而穷其理，象山则心理为一，格物即格心耳。"（韦政通主编：《中国哲学大辞典》）

张岱年

"陆九渊有主观唯心论的倾向，但他并不是唯我论者。陆九渊没有讲宇宙离开我心就不能存在，他是讲宇宙的理与吾心中的理是一个。有人对陆九渊说，你同朱熹争论，各自写成书让大家看看如何。他回答说：这天地间有朱元晦、陆子静，就多了什么吗？天地间没有朱元晦、陆子静就少了什么吗？所以他不是主张唯我论。陆九渊讲人同此心，心同此理。事实上，在阶级社会中，不同的阶级的思想愿望是不同的，不同的阶级所谓理也是不同的。"（《中国哲学史史料学》）

附　录

年　谱

1139 年（绍兴九年）　　陆九渊出生。

1142 年（绍兴十二年）　有"天地何以无穷尽"之问。

1143 年（绍兴十三年）　入学读书，书角从不卷折。

1145 年（绍兴十五年）　读书出名气，被乡人称为神童。

1148 年（绍兴十八年）　陆九龄入郡庠；九渊往侍学，文雅雍容，众咸惊异。

1150 年（绍兴二十年）　在疏山寺读书。与允怀和尚结为好友。开始接触佛经。

1151 年（绍兴二十一年）　在疏山寺读书。得许忻赠书。

1152 年（绍兴二十二年）　在疏山寺读书。

1153 年（绍兴二十三年）　回到青田老家自学。

1154 年（绍兴二十四年）　想弃文从武，跟九龄学武术，欲报效国家。

1155 年（绍兴二十五年）　作《大人诗》。

1156 年（绍兴二十六年）　游临安（杭州），初会杨万里。

1157 年（绍兴二十七年）　常到龙虎山表姐夫张禹锡家做客，得《心说》一书。

1162 年（绍兴三十二年）　参加乡试，高中第四名。父陆贺去世。

1165 年（乾道元年）　参加秋试，落榜。

1166 年（乾道二年）　居家读书钻研学问。

1167 年（乾道三年）　成婚。

1168 年（乾道四年）　"心学"初步形成。

1170 年（乾道六年）　准备再次乡试。

1171 年（乾道七年）　　参加秋试，以《易经》再中举于乡。准备省试。

1172 年（乾道八年）　　参加省试，高中贡士，参加殿试，得"赐同进士出身"。

1173 年（乾道九年）　　辟"槐堂书屋"，授徒讲学。

1174 年（淳熙元年）　　槐堂讲学，建立"心学"。调官隆兴府靖安县主簿。访吕祖谦于衢州。

1175 年（淳熙二年）　　吕祖谦约陆九龄、陆九渊及朱熹诸人相会于江西铅山之鹅湖寺。撰《敬斋记》。

1176 年（淳熙三年）　　九渊与王伯顺书二通，讨论辟佛。

1179 年（淳熙六年）　　授建宁府崇安县主簿。陆九龄拜访朱熹。

1180 年（淳熙七年）　　九渊与朋友读书于滋澜。陆九龄卒，作《全州教授陆先生行状》。

1181 年（淳熙八年）　　史浩荐九渊为都堂审察，辞不赴。九渊访朱熹于南康，登白鹿洞书院讲席，讲"君子喻于义，小人喻于利"一章。

1182 年（淳熙九年）　　被荐为国子正。赴国学，讲《春秋》六章。

1183 年（淳熙十年）　　在国学讲《春秋》。

1184 年（淳熙十一年）　在敕局春祀祚德庙为献官，又为成都郭醇作本斋记。撰《答朱元晦书》。上殿拜见孝宗，上"五札子"。

1185 年（淳熙十二年）　在敕局。陆九韶致书朱熹，讨论"无极而太极"。

1186 年（淳熙十三年）　转宣义郎。罢官。主管台州崇道观。

1187 年（淳熙十四年）　九渊登贵溪应天山讲学。与朱熹书信往来，开始辩论"无极而太极"。

1188 年（淳熙十五年）　建象山精舍，易"应天山"名为"象山"，诸生结庐而居。继续与朱熹辩"太极"之义，作《荆国王文公祠堂记》。

1189 年（淳熙十六年）　应诏知荆门军。

1190 年（绍熙元年）　　在象山精舍。撰《贵溪县重修学记》。

1191 年（绍熙二年）　　赴荆门之际，嘱其徒傅子云居山讲学。作《武陵县学记》《临川簿厅壁记》。上《奏请筑荆门军城》。

1192 年（绍熙三年）　　在荆门，实施治荆门八政。为军民讲《洪范》五皇极一章。

1193 年（绍熙四年）　卒于荆门，享年五十四岁。

主要著作

《陆九渊集》，中华书局，1982 年。

参考书目

1. 《诸子集成》，上海书店，1999 年。

2. 杨伯峻：《论语译注》，中华书局，1980 年。

3. 杨伯峻：《孟子译注》（上下），中华书局，1984 年。

4. 〔清〕黄宗羲：《宋元学案》（全四册），中华书局，1986 年。

5. 〔元〕脱脱等：《宋史》，中华书局，1977 年。

6. 李绂：《陆子学谱》。

7. 黄宗羲：《宋元学案》，中华书局，1986 年。

8. 《王阳明全集》（上下），上海古籍出版社，1992 年。

9. 梁启超：《王安石传》，百花文艺出版社，2006 年。

10. 钱穆：《中国学术思想史论丛》（卷四），安徽教育出版社，2004 年。

11. 钱穆：《中国学术思想史论丛》（卷五），安徽教育出版社，2004 年。

12. 钱穆：《宋代理学三书随劄》，生活·读书·新知三联书店，2002 年。

13. 钱穆：《朱子学提纲》，生活·读书·新知三联书店，2002 年。

14. 牟宗三：《心体与性体》（上中下），上海古籍出版社，1999 年。

15. 余英时：《朱熹的历史世界》（上下），生活·读书·新知三联书店，2004 年。

16. ［美］田浩：《朱熹的思维世界》，陕西人民出版社，2002 年。

17. 崔大华：《南宋陆学》，中国社会科学出版社，1984 年。

18. 祁润兴：《陆九渊评传》，南京大学出版社，1998 年。

19. 徐纪芳：《陆象山弟子研究》，台湾文津出版社，1980 年。

20. 曾春海：《陆象山》，台湾三民书局，1988 年。

21. 吴文丁：《陆九渊全传》，百花洲文艺出版社，1999年。

22. 张锡勤：《陆王心学初探》，黑龙江人民出版社，1982年。

23. 王心田：《陆九渊知军著作研究》，武汉大学出版社，1999年。

24. 孙响城主编：《象山吟》，长江文艺出版社，2002年。

25. 王心田主编：《陆九渊与象山文化》，国际炎黄出版社，2002年。

26. 郑晓江主编：《象山学术及其江右思想家研究》，社会科学文献出版社，2006年。

27. 高全喜：《理心之间——朱熹和陆九渊的理学》，生活·读书·新知三联书店，1992年。

28. 牟宗三：《从陆象山到刘蕺山》，上海古籍出版社，2007年。

29. 陈荣捷：《朱学论集》，台湾学生书局，1988年。

30. 曾春海：《陆象山》，东大图书股份有限公司，1988年。

31. 劳思光：《新编中国哲学史》，三民书局股份有限公司，1990年。

32. 蔡仁厚：《宋明理学》（北宋篇），台湾学生书局，1977年。

33. 钱穆：《朱子新学案》，三民书局股份有限公司，1982年。

34. 〔宋〕张载：《张载集》，中华书局，1978年。

35. 〔宋〕程颢、程颐：《二程集》，中华书局，1981年。

36. 《朱子全书》（二十七册），上海古籍出版社，2002年。

37. 〔宋〕文莹：《湘山野录》，中华书局，1997年。

38. 〔宋〕魏泰：《东轩笔录》，中华书局，1997年。

39. 〔宋〕邵博：《邵氏见闻录》，中华书局，1997年。

40. 〔宋〕罗大经：《鹤林玉露》，中华书局，2005年。

41. 〔宋〕苏轼：《东坡志林》，中华书局，1981年。

42. 张君劢：《新儒家思想史》，中国人民大学出版社，2006年。

43. 张岱年：《中国哲学大纲》，中国社会科学出版社，1982年

44. 林继平：《陆象山研究》，台湾商务印书馆股份有限公司，1983年。

45. 崔大华：《南宋陆学》，中国社会科学出版社，1984年。

46. 张怀承等：《心》，中国人民大学出版社，1996年。

47. 岑贤安等：《性》，中国人民大学出版社，1996年。

48. 蔡方鹿等：《气》，中国人民大学出版社，1990年。